関西学院大学研究叢書　第195編

企業間管理と管理会計

サプライチェーン・マネジメントを中心として

関西学院大学教授
浜田　和樹

製品別利益分析
SC別利益分析

ABC
TOC
BSC

税務経理協会

まえがき

　企業は自らを取り巻く環境の中で存続し，発展していかなければならないが，この環境には他企業との関係も含まれる。他企業との関係は固定的なものではなく，極端な場合にはM&A（Merger & Acquisition）により，他企業を内部化することもある。また完全な内部化ではないが系列化したり，逆に内部組織を分社化し，外部化することもある。そして，系列企業や他企業との間に，提携等の何らかの企業間システムを築くことも多い。この種の企業間システム内では，純粋な市場取引でもなく企業内の取引でもない，それらの中間的な性質を持った取引が行われている。その意味で企業間システムは，市場と個別企業の間に作られた中間組織であるといわれている。それが築かれる理由，期間，内容等は多岐にわたっており，それをいかに築くかは，競争優位の重要な要因の1つであると認識されている。これらの判断は，戦略との関係で取り扱うことが必要である。

　近年，変化に対する俊敏性や適応力が重視されるにつれて，企業活動のすべての分野を自社で担当することは必ずしも有利ではなくなり，利益を生む源泉である中核部分のみを残し，他の部分をアウトソーシングする傾向が強くなっている。それ故，アウトソーングした企業とされた企業との間の関係をどう管理するかも，重要な課題となっている。資材の調達から生産，販売，物流，そして最終消費者に届けられるまでを対象としたサプライチェーン・マネジメント（Supply Chain Management：SCM）を考える際にも，このような関係を考慮に入れた企業間システム戦略が必要になる。SCMといえば資材の調達から最終消費者に届けられるまでを対象とすることが多いが，第8章と第9章では，資材の調達より前の段階である製品開発段階をも含めたSCMについて考察している。もちろん製品開発に関連づけて考察した方がよい場合には，第8章，第9章以外でも，関連部分について考察している。

　本書は，このような企業間関係に焦点を当て，その管理法を管理会計の立場

から考察することを目的としている。多様な企業間システムが存在し，企業間管理において焦点を当てるべき問題も数多くあるが，特に本書ではSCMを中心として考察している。管理会計としては，サプライチェーン（SC）をどのような財務指標を用いてどのように管理するか，あるいはそれに非財務指標を加えた指標でどのように管理するか，最も重要なテーマであると思われる。本書では，それらの有効な具体的な管理会計技法として，活動基準原価計算（Activity Based Costing：ABC），制約理論（Theory of Constraints：TOC），バランスト・スコアカード（Balanced Scorecard：BSC），製品別原価計算，SC別原価計算，コストドライバー分析，SC別収益性分析等について，いかに状況に合わせて適切に利用するかを考察している。

　第1章では，本社の役割の検討を通じて，グループ経営に役立つ管理法について，管理会計の立場から考察している。本書の目的は企業間管理についての考察であるが，企業間関係を考慮したグループ経営も重要であると考えたからである。特にこの章では，グループ業績評価システムの中でも，マトリックス業績評価システムについて考察している。

　第2章では，SCMの特徴と管理上の課題について考察し，SCMに有効な財務指標として，コストと成果の指標，スピード経営に役立つ指標に分け，前者に関して，主としてTCO（Total Cost of Ownership）とABCの有効性，後者に関して，主としてTOCについて考察している。また長期的視点から利益獲得を目指すためには，財務指標・非財務指標の両者による管理が必要であるので，そのための手法としてBSCによる管理とその利用法について考察している。

　第3章では，連結企業グループ内でもSCMが重要であるので，その管理のために有効な管理会計情報について考察している。というのは，日本の企業グループは生産だけに特化した生産子会社，販売だけに特化した販売子会社等が多く，これらの企業は業務上グループ企業に依存しており，SCの一翼を担っていることが多いからである。特に，製品の利益情報と原価情報に焦点を当てて考察している。そして有効な原価情報を得るためには，部品表をつなぎ原価を積み上げる方法の有用性を指摘している。さらに，SCMの実行には連結グ

ループ外の企業の情報も必要であるので，その点についても考察している。

　第4章では，近年，グローバルSC戦略が重要になっているので，その戦略策定の進め方や管理，また必要な管理会計情報について考察している。SC戦略には，近年よく研究されているビジネスモデルについての研究が参考になると考え，それをもとに論を展開している。そして，SC変革するには，垂直方向の展開であれ，水平方向の展開であれ，正確な製品別原価と利益情報が必要であるのでそれを得るための方法，またその情報の利用法について考察している。

　第5章では，企業間SCMへのBSCの利用の仕方について考察している。SCを構成している企業間の関係が，中核企業による囲い込み型になっているか，オープン・ネットワーク型になっているかによってSCを区別し，それぞれの特徴に合うBSCの作成法，利用法を提案している。特に，囲い込み型SCMの場合には，リンケージ・スコアカードが重要な役割を果たすので，その方法について詳しく考察している。

　第6章では，SCMへのTOCを適用することの意義について考察している。TOCは，スループットを増大させるためにボトルネックをいかに解消するかを最大の目的としているが，そのためにはスループットを非財務指標と関係づけて管理することが重要である。TOCの「思考プロセス」の理論は，まさにこの関連を考察したものであるとも解釈される。その関連をもとにBSCを作成し，その利用法について考察している。また目標・施策の下位展開に役立つTP（Total Productivity）マネジメントについて考察している。

　第7章では，企業間の関係は競争と協調の入り混じった複雑な関係であると捉え，このような関係の中で，競争優位に立つためにはいかに企業間の関係を築きあげればよいかについて，特にゲーム理論を用いて考察し，管理会計の役割を考察している。そしてその理論から得られた知見をもとに，利益増大のために，協調関係の必要性，その維持のための方法について考察している。

　第8章では，SCMはロジスティクス管理だけではなく製品開発機能を含めて考えることの必要性を指摘し，SCMとディマンドチェーン・マネジメント

(Demand Chain Management：DCM)を統合した統合DSCMをいかに築けばよいかについて考察している。また得られた情報をもとに，管理に役立つ収益性分析の方法として，プロフィットプール分析，コストドライバー分析，SC別収益性分析等の分析について考察している。

第9章では，製品イノベーションが，益々，企業にとって重要となっているので，管理会計としてこの問題にいかに貢献できるかについて考察している。製品イノベーションの管理にはSCメンバーからの情報の獲得，イノベーションが策定されるまでのプロセスの管理が重要である。また，製品イノベーションをいかに利益獲得に結びつけるかも重要である。その策定・プロセス管理における注意点，管理会計の役割について考察し，発見志向計画法（Discovery-Driven Planning：DDP）を用いたSC編成をも考慮した利益計画について考察している。

筆者はこの10数年，企業間管理，グループ経営等に役立つABC，TOC，BSCについて研究してきた。振り返ってみれば，日本管理会計学会の2000年に創設された企業調査プロジェクトにおける（「企業間システム」専門委員会，委員長：浜田和樹）や，2002年からの日本会計研究学会特別委員会（「企業価値と組織再編の管理会計に関する研究」，委員長：門田安弘）で研究したことが，その研究を始めたきっかけである。その長年の研究成果を，本書『企業間管理と管理会計：サプライチェーン・マネジメントを中心として』で発表できることは，望外の喜びである。

本書を上梓することができたのは，多くの方からのご援助の賜物である。この場を借りて，お礼の言葉を述べさせていただきたい。日本組織会計学会のメンバーからは，いつも研究会を通してご指導いただいている。その研究会での議論が，私の研究方向の決定に大きな影響を与えているように思う。私が奉職している関西学院大学の先生方には，研究に集中できる環境を準備していただいている。また，私が所属している日本管理会計学会の先生方，日本会計研究学会の先生方にもいろいろとお世話になっている。さらに，私の前任校である25年間勤務した西南学院大学の先生方にも，在任中お世話になった。深く感謝の

まえがき

意を表したい。

　最後になりましたが，本書の出版に快く応じていただいた株式会社税務経理協会社長の大坪克行氏と，編集担当の峯村英治氏にも感謝の意を表したい。

　なお，本書は関西学院大学より，「関西学院大学研究叢書第195編」として出版補助金を受け，出版されるものである。

2017年9月吉日

浜田　和樹

初 出 一 覧

　本書のかなりの部分は，これまでに発表した論文を基礎にしている。もちろん本書に纏めるに際して，大幅に加筆，修正が加えられている。各章と論旨展開の基礎とした今までの発表論文の関係は，以下の通りである。

第1章　「連結グループ経営のための業績管理会計情報」『會計』第170巻，第4号，2006年。
　　　　「グループ本社の役割とグループ業績評価システム：特に，マトリックス評価システムを中心として」『西南学院大学商学論集』第53巻，第3・4合併号，2007年。
第2章　「企業間管理と管理会計：SCMを中心として」『西南学院大学商学論集』第48巻，第3・4合併号，2002年。
　　　　「企業間管理の重要性と管理会計」，門田安弘編著『組織構造と管理会計』税務経理協会，2003年，第6章。
　　　　「企業間システムの戦略と管理会計」，門田安弘，浜田和樹編著『企業価値重視のグループ経営』税務経理協会，2006年，第6章。
　　　　「企業間管理への管理会計の役割：SCM，ECMの財務・非財務指標による管理」，門田安弘編著『企業価値向上の組織設計と管理会計』税務経理協会，2005年，第26章。
第3章　「連結グループ内における企業間SCMの重要性と管理会計」『ビジネス＆アカウンティングレビュー』（関西学院大学）第5号，2010年。
第4章　「グローバル・サプライチェーン変革のための製品別利益情報の有用性」『商学論究』（関西学院大学）第64巻，第1号，2016年。
第5章　「企業間SCMへのバランスト・スコアカードの利用：『囲い込み型』SCMと『オープンネットワーク型』SCM」『商学論究』（関西学院大学）第61巻，第2号，2013年。

初出一覧

第6章 「TOCのSCM・BSCへの適用」『企業会計』第53巻，第11号，2001年。
「企業間管理と管理会計：SCMの目標・施策展開を中心として」『會計』第162巻，第5号，2002年。

第7章 「企業間管理へのゲーム論的考察と管理会計」『ビジネス＆アカウンティングレビュー』（関西学院大学）第6号，2010年。

第8章 「サプライチェーン・マネジメント（SCM）の展開への収益性分析の重要性：製品開発機能を含めたSCMを中心として」『商学論究』（関西学院大学）第65巻，第1号，2017年。

第9章 「製品イノベーション戦略と利益管理：イノベーション・バリューチェーン管理への管理会計の役割」『商学論究』（関西学院大学）第63巻，第3号，2016年。

目　次

まえがき

初出一覧

第1章　企業グループ経営と業績評価システム
：企業行動に影響を与えるグループ業績評価システム ……3

 Ⅰ　はじめに ………………………………………………………………3
 Ⅱ　グループ本社の役割とグループ経営の3つのタイプ ……………5
  2.1　「分散と統合のマネジメント」の重要性 ………………………5
  2.2　グループ経営の3タイプと本社の役割 …………………………5
 Ⅲ　グループ管理会計とグループ業績評価システムの重要性 ………8
  3.1　グループ意思決定会計とグループ業績管理会計 ………………8
  3.2　グループ業績評価システムの重要性 ……………………………9
 Ⅳ　グループ業績評価システム設計における考慮点と
   マトリックス評価システム ……………………………………10
  4.1　グループ業績評価システム設計における考慮点 ………………10
  4.2　マトリックス組織とマトリックス業績評価システム …………13
 Ⅴ　マトリックス業績評価システムの事例 …………………………15
  5.1　キヤノン株式会社の事例 …………………………………………15
  5.2　株式会社村田製作所の事例 ………………………………………17
 Ⅵ　グループ業績評価における利益以外の財務指標と
   非財務指標の重要性 ……………………………………………20
 Ⅶ　おわりに ……………………………………………………………22
 補論　EVAの計算法 ……………………………………………………24

第2章 企業間管理と管理会計
：SCMの管理のための財務・非財務指標と利用法 …… 27

- I　はじめに …………………………………………………… 27
- II　企業間管理の1タイプとしてのSCM ………………………… 28
  - 2.1　SCMの特徴と統合DSCMの必要性 ……………………… 28
  - 2.2　垂直的SCMと水平的SCM（水平展開型ビジネスモデル）…… 31
- III　SCMへの管理会計の有用性 ………………………………… 32
  - 3.1　SCMへの財務指標による管理 …………………………… 32
    - 3.1.1　コストと成果を示す指標 …………………………… 32
    - 3.1.2　スピード経営に役立つ指標 ………………………… 35
  - 3.2　SCMに役立つSC全体の財務指標 ……………………… 36
- IV　SCMへの財務・非財務指標による管理（BSCによる管理）…… 37
- V　BSCのインタラクティブ・コントロール・システムとしての利用 …… 40
- VI　おわりに …………………………………………………… 43
- 補論1　伝統的原価計算方法とABC・ABM …………………… 46
- 補論2　営業サイクルと
  　　　　キャッシュ・コンバージョン・サイクル（CCC）……… 50
- 補論3　製造業のSCMに対するアンケート結果 ………………… 52
- 補論4　ナレッジ・マネジメントへのBSCの有用性 ……………… 54

第3章 連結グループ内における企業間SCMの
重要性と管理会計 …………………………………… 57

- I　はじめに …………………………………………………… 57
- II　日本におけるグループ企業の特徴 …………………………… 58
- III　セグメント情報の有用性と連結グループSCMへの利用 ……… 60
- IV　連結グループでの部品表による原価計算の必要性 …………… 64
  - 4.1　連結グループ原価計算の2つのタイプ …………………… 64
  - 4.2　正確な原価算定への部品表の重要性 ……………………… 66

　　　　　　　　　　　　　　　　　　　　　　　　　　　　目　次

　　Ⅴ　SCMへの連結グループ企業以外の情報の必要性 ………………… 67
　　Ⅵ　お わ り に ……………………………………………………………… 69

第4章　SC変革のための製品別利益情報の有用性
　　　　　：特にグローバルSCを中心として ………………… 73
　　Ⅰ　は じ め に ……………………………………………………………… 73
　　Ⅱ　有効なSC変革のための事業システムの諸研究 ……………………… 75
　　　2.1　事業システムに関する諸研究 ……………………………………… 75
　　　2.2　ビジネスモデルへのSCの視点からの考察 ……………………… 78
　　Ⅲ　グローバルSC変革のために重視すべき点と課題 ………………… 79
　　　3.1　SC変革に必要な情報 ……………………………………………… 79
　　　3.2　グローバルSC変革のための情報の課題 ………………………… 80
　　Ⅳ　グローバルSC変革のための原価計算システム …………………… 82
　　　4.1　製品別原価情報の重要性と管理連結の特徴 …………………… 82
　　　4.2　製品別連結のための部品表の特徴 ……………………………… 83
　　　4.3　部品表による連結原価計算システムの構築 …………………… 85
　　Ⅴ　グローバルSC変革のための製品別利益情報 ……………………… 86
　　　5.1　製品別利益情報の有用性 ………………………………………… 86
　　　5.2　製品別利益情報を用いたビジネスモデルの検討 ……………… 88
　　Ⅵ　お わ り に ……………………………………………………………… 91
　　補論　戦略的ポジショニング分析とVC分析 …………………………… 94

第5章　企業間SCMへのBSCの利用
　　　　　：囲い込み型SCMとオープン・ネットワーク型SCM … 97
　　Ⅰ　は じ め に ……………………………………………………………… 97
　　Ⅱ　囲い込み型SCMとオープン・ネットワーク型SCM ……………… 98
　　Ⅲ　SCMへのBSCの利用 ………………………………………………… 101
　　Ⅳ　囲い込み型SCMへのBSCの利用 …………………………………… 105

iii

4.1　中核企業による全体最適型BSC …………………………… 105
　　4.2　SCMへのリンケージ・スコアカードの利用 ……………… 107
　Ⅴ　オープン・ネットワーク型SCMへのBSCの利用 …………… 110
　Ⅵ　おわりに ………………………………………………………… 111

第6章　SCMへのTOCの適用
：その意義とBSCを用いた展開 …………………… 115

　Ⅰ　はじめに ………………………………………………………… 115
　Ⅱ　SCMへのTOC適用の意義 …………………………………… 116
　Ⅲ　スループット増大のための統合DSCM ……………………… 119
　Ⅳ　ボトルネックの発見・改善のための「思考プロセス」の利用 …… 120
　Ⅴ　TOCを実施する時の注意点・課題 …………………………… 122
　Ⅵ　TOC主要指標を高める具体的施策とBSC …………………… 124
　Ⅶ　SCMの目標・施策展開に役立つTPマネジメント …………… 126
　Ⅷ　おわりに ………………………………………………………… 129
　補論1　TOCの特徴 ………………………………………………… 131
　補論2　バックフラッシュ・コスティングとスループット会計 …… 133
　補論3　QC七つ道具と新QC七つ道具 …………………………… 138
　補論4　TPマネジメントの特徴と実施例 ………………………… 139

第7章　企業間管理へのゲーム論的考察と管理会計 ……… 141

　Ⅰ　はじめに ………………………………………………………… 141
　Ⅱ　企業間協調関係をもたらす要因についての各種のアプローチ法 …… 142
　Ⅲ　企業間関係におけるゲーム論的アプローチの有効性 ………… 144
　　3.1　ゲーム論的アプローチの特徴 ……………………………… 144
　　3.2　競争関係にある企業の協調行動を説明する理論 ………… 147
　Ⅳ　協調関係達成のためのアプローチ法と管理会計の役割 …… 151
　Ⅴ　協調行動によるシナジー効果の測定 ………………………… 153

Ⅵ　協調関係をもたらす利益分配，リスク分配の重要性と管理会計 …… 155
　　Ⅶ　おわりに ……………………………………………………………… 158

第8章　SCM展開への収益性分析の重要性
　　　　　：製品開発機能を含めたSCMを中心として ……………… 161
　　Ⅰ　はじめに ……………………………………………………………… 161
　　Ⅱ　SCM対象分野に製品開発活動を含める必要性 ………………… 163
　　Ⅲ　製品開発機能を含めたSCMとビジネスモデル ………………… 165
　　　3.1　SCMとDC ……………………………………………………… 165
　　　3.2　SC編成を検討する場合の利害関係者 ……………………… 166
　　Ⅳ　SC編成とビジネスモデル ………………………………………… 168
　　Ⅴ　SC編成のための会計的分析法 …………………………………… 170
　　　5.1　コストドライバー分析 ………………………………………… 170
　　　5.2　製品別収益性分析，SC別収益性分析 ……………………… 174
　　Ⅵ　仮説のマネジメントによるSCの有効性の検討 ………………… 175
　　Ⅶ　おわりに ……………………………………………………………… 176
　　補論　SCMとECMの関係 …………………………………………… 181

第9章　製品イノベーション戦略と利益管理
　　　　　：イノベーション・バリューチェーン管理への
　　　　　　管理会計の役割 …………………………………………… 183
　　Ⅰ　はじめに：日本におけるイノベーションの現状 ………………… 183
　　Ⅱ　企業戦略とイノベーション戦略の関係 …………………………… 186
　　Ⅲ　イノベーション戦略とマネジメント・コントロール …………… 188
　　　3.1　イノベーションのタイプとイノベーション戦略 …………… 188
　　　3.2　イノベーション戦略とマネジメント・コントロール ……… 190
　　Ⅳ　イノベーション・バリューチェーンと管理システム …………… 191
　　Ⅴ　開発アイデア・製品開発を促すためのDDP ……………………… 196

Ⅵ	製品イノベーションからの利益獲得管理	199
Ⅶ	おわりに	201

索　引 ………………………………………………………………… 205

関西学院大学研究叢書　第195編

企業間管理と管理会計
サプライチェーン・マネジメントを中心として

浜田　和樹

第1章　企業グループ経営と業績評価システム
：企業行動に影響を与えるグループ業績評価システム

I　はじめに

　近年，グループ経営の重要性がよく指摘されている。また，グループ対グループの競争の時代であるとも言われている。経済成長率が高い時期には，親会社がコア事業を行い，周辺事業を子会社や関連会社に任せていた。そして子会社や関連会社の事業が多少重複しても問題にされず，自由に競争を行わせていた。しかし，現在のようにグローバル競争がより激しくなると，企業間競争に勝つためには無駄を排除し，必要であれば周辺事業だけでなくコア事業でさえも合弁化したり，子会社化することが必要になってくる。しかも，子会社の事業領域も広範で複雑になっている。それ故，これらの決定や子会社の方向づけのためには，グループ全体の立場から判断する必要が生じてくる。財務報告制度も連結決算重視が浸透し，連結ベースの業績が重視されるようになったことも，グループ経営重視の傾向を加速している。

　数年前まで，特に，意思決定の迅速化，独立採算による自己責任の徹底化，新規事業への進出や新製品の開発に伴うセクショナリズムの緩和等の理由により，分社化が促進される傾向にあった。

　しかし，小さな本社を目指すという方針のもとで，事業部門へのあまりにも大幅な権限の委譲により，本社の弱体化をもたらしたことも事実である（小沼・河野 2005；中島・小沼・荒川 2002）。時には，分社化の際に不良資産を本社に残すということまで行われている。その反省から，近年，本社機能の強化を目指す企業もあるが，一般的には本社の弱体化により，本社の調整能力が低下したために，各事業部門は独自の立場から最適化を目指し，その結果が企業全

体の最適化を妨げている。仮に事業部門間の調整が可能な場合でも，それに要するコストは増大するようになっている。また事業部門間でのシナジーの創出が困難になったり，グループ全体での資源の有効利用ができないという問題も生じている。また問題が生じた時や企業環境の変化に，素早く対応ができないという問題も起こっている。

それ故，現在，グループ本社に求められていることは，グループ本社の機能を充実し指導力が発揮できるようにし，親会社の立場ではなくグループ全体の立場から経営を行い，必要であれば分権化を進めるが，分権化しすぎて弊害が出ている場合には管理法を工夫したり，分権化を見直すことであると思われる。また必要事業はより発展させるが，不必要事業あるいは不採算事業は撤退させることも必要である。そのためには，グループとグループ本社の再編が必要であると思われる。本章でいうグループ本社とは，本社内にありグループ全体の経営を担当している部署のことであるとする。

本章では，このような本社の役割の検討を通じて，グループ経営に役立つ経営法を管理会計の立場から考察することが目的である。本書の目的は企業間管理，特に，サプライチェーン・マネジメント（Supply Chain Management：SCM）に焦点を当てて考察することであるが，グループ本社であれば，企業間の関係を考慮しながら，グループ全体を管理する必要があるので，この章も本書に加えた。本章では，特にグループ業績評価システム，中でもマトリックス業績評価システムに焦点を当て，その特徴，設計法と運用の仕方について考察することにする。マトリックス業績評価システムを適切に構築すれば，サプライチェーン（Supply Chain：SC）を垂直・水平方向にいかに展開したらよいかの情報も得られる。業績評価システムは，グループ企業の行動を規制したり，大きな影響を与えると考えるからである。

また本章では，グループ経営のタイプとして，1997年の純粋持株会社の原則解禁以来，その形態を採用する会社が増えているとはいえ，まだ多くの企業が事業持株会社の形態を採用しているので（浅田 2005，第14章），このタイプを念頭において考察することにする。

II　グループ本社の役割とグループ経営の3つのタイプ

2.1　「分散と統合のマネジメント」の重要性

グループ本社の役割は，
① グループ企業の自主経営を促進しながらもグループ全体の立場から事業を調整し統合すること
② 新規事業の開拓，事業の廃止
③ グループ外企業との提携，共同開発
④ グループ企業の支援

等がある。これらの役割の基礎となる考え方は，一言で言えば，いかにバランスのとれた「分散と統合のマネジメント」を行うかということである（寺本2005，195-205頁；横田2005）。

　自主経営を促進するためのマネジメントには，各企業の個別ミッションの明確化，権限委譲，責任と権限の範囲の明確化，市場原理の導入，業績評価基準の明確化等の管理法が有用である。グループ求心力の強化のためには，グループ全体のミッションや統合戦略の明確化，情報共有，行動規範の共有，人的交流，共通の教育訓練，統合的業績評価等の管理法が有用である。

　分散と統合のマネジメントのためには，両者の管理法を適切に組み合わせることが必要である。管理会計の性格から考えて，適切なグループミッションや統合戦略，それらから導かれた各企業の個別ミッションや戦略目標の設定，権限と責任の範囲を考慮した適切な業績評価システム，会計情報の共有と相互コミュニケーション等に関する考察が重要であると思われる。

2.2　グループ経営の3タイプと本社の役割

　グループ経営は大きく3つのタイプに分けられる。以下に示すどのタイプにも分散と統合のマネジメントが必要であり，同一タイプでも企業によってあるいは事業によって，分散と統合の重視度合いが異なってくる。

第1のタイプは，グループ本社主導型であり，グループ本社がグループミッション，グループ戦略の立案・伝達をするだけでなく，本社事業部門とグループ企業に対するミッションと具体的目標の決定と指示を行うタイプである。事業部門とグループ企業の具体的施策は，それらの部門や企業が決定する。グループ本社はグループ間でシナジーが出やすいように，またグループ全体最適が生じやすいように役割分担を行う。定期的な業績評価だけでなく期中の統制も行われ，詳細な情報による管理が実施される。評価結果により，必要な事業が新設されたり，不必要な事業は廃止されることもある。本社，グループ企業間で情報共有が推進され，必要な技術や資金の援助，提携等もグループ本社が決定する。

　第2のタイプは，事業部門・関係会社主導型であり，そのタイプでも，グループ本社は，グループミッション，グループ戦略の立案・伝達をするだけでなく，事業部門・関係会社に対して個別ミッションは明確に示す。ただ具体的な戦略目標は示さないで事業部門・関係会社が自主的に経営することになる。またグループ本社はできるだけ市場原理を導入して管理し，問題がなければ定期的にのみ業績評価を行う。評価結果により，事業の新設，廃止が行われる。求心力をもたせるために，できるだけ情報の共有，横断的な評価が実施される。事業部門・関係会社の要請があれば，グループ本社は，事業を強化するための技術や資金の援助，計画づくりの支援を行う。

　第3のタイプは，財務管理型である。グループ本社は求心力をもたせるために，グループミッションやグループ戦略の伝達を行う。それぞれの事業部門や関係会社の間の関係は薄いので，共通戦略はなく，事業間のシナジーもあまり発生しない。グループ本社は，問題がなければ定期的な業績評価のみを行い，事業の方向を決める。事業部門・関係会社の要請があれば，グループ本社は，事業を強化するための技術や資金の援助，計画づくりの支援を行う。

　株式会社日立製作所でも，グループ会社のタイプを，M（マネジメント）連結会社，V（ビジョン）連結会社，F（財務）連結会社に分けている（山本2006）。同社の定義によれば，M連結会社とはシナジー追求のため，戦略運営

を日立製作所と協力して行う会社であり，V連結会社とは日立グループの一員として経営ビジョン・ブランドを共有しつつ，原則としてグループ会社が事業を主導する会社であり，F連結会社とは財務的連結のみの会社のことである。

本社が持つべき機能を整理すれば，グループ全体をマネジメントする機能とグループの事業や関係会社をサポートする機能に分けることができる。前者はさらに，戦略策定調整機能，資源配分機能，戦略管理機能に分けることができる。グループ経営のタイプがどれかによって，これらの機能の具体的業務が異なる。具体的業務と前述のどのタイプのものがその業務を必要とするかを示せば，以下の通りである。

戦略策定調整機能
① 経営のビジョン，グループ全体のミッションと戦略の策定と伝達（全てのタイプに必要）
② 事業部門・関連会社のミッションの策定と伝達（第1と第2のタイプに必要）
③ 事業部門・関連会社の個別目標の設定と指示（第1のタイプに必要）

資源配分機能
　最適なグループ経営システムの検討，資源配分計画の策定（すべてのタイプに必要。ただし第1のタイプの場合は常時，第2，3のタイプの場合は必要に応じて行う）

戦略管理機能
① 業績評価指標の決定（すべてのタイプに必要。ただし第1のタイプの場合は，詳細に決定）
② 全体目標，事業別目標達成状況の期中でのモニタリング（第1のタイプに必要）
③ 実施結果の把握と業績評価，報酬の決定（すべてのタイプに必要。ただし第1のタイプの場合は，詳細な結果把握と評価）

サポート機能とは，グループの事業や関係会社をサポートする機能のことで

あり，具体的には人事，経理，法務，人材育成，技術支援，知財戦略，研究開発（特に基礎的なもの，ハイリスク・ハイリターンのもの）等の業務である。これらの業務は，すべてのグループ経営のタイプに必要である。

Ⅲ　グループ管理会計とグループ業績評価システムの重要性

3.1　グループ意思決定会計とグループ業績管理会計

　前述したグループ本社の機能が意思決定会計の分野で扱われるのか，業績管理会計の分野で扱われるのか，整理してみれば次のようになる。すなわち，グループ意思決定会計の分野で扱われるものは，グループマネジメント機能のうちの戦略策定調整機能①と②や資源配分機能を対象とし，しかも会計に関わるものである。またグループサポート機能のうちの個別計画や長期の問題に関わるもので，しかも会計に関わるものである。具体的には，

① キャッシュフロー予測や利益予測による，M&A，事業の追加，不採算事業からの撤退，グループ外企業への売却等の決定

② キャッシュフロー予測や利益予測による，組織再編効果の評価やグループ関連投資の評価

③ 長期間にわたるグループ全体のキャッシュフロー利益と会計上の利益のバランスを図る計画立案

④ 外部からの長期資金調達，グループ内部への長期資金の配分

等である。

　グループ業績管理会計の分野で扱われるものは，グループマネジメント機能のうちの戦略策定調整機能③や戦略管理機能を対象とし，しかも会計に関わるものである。またグループサポート機能のうちの，短期の問題で経常的な管理に関わるもので，しかも会計に関わるものである。ただ近年，業績管理会計の領域を狭く考えないで，戦略との関係にまで拡大しようとする傾向がある。すなわち戦略によっても短期業績評価システムは影響され，短期業績評価結果も

戦略策定に影響を与えるという関係である。最近，特に戦略の創発が重要になっているが，その問題はまさにこの部分の問題に関係した問題である。グループ業績評価システムを扱う場合にも，(図1-1)に示すように，伝統的には(a)の関係を中心に扱ってきたが，(b)の関係も考慮に入れる必要があるということである(谷 1990)。本章で考察するグループ業績評価システムは，このような関係も考慮に入れたものである。

(図1-1) 戦略と期間業績システムとの関係

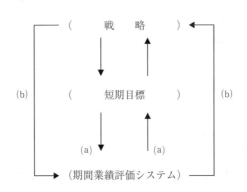

3.2 グループ業績評価システムの重要性

前節で述べたグループ業績評価システムの特徴をもとに，その重要性を示せば以下の通りであると考えられる。

まず第1に，評価を統一的な指標で客観的に行うことによって，事業の優先順位づけや撤退の事業の決定がやり易くなる。客観的な指標で行うことにより，部門・関係会社の同意も得やすくなる。また，グループ全体的な観点からの改善点の発見に役立つ。

第2に，グループ業績評価システムによる評価は，グループ統合意識をもたせるのに有効である。またグループ評価基準を明確に示すことにより，部門や関係会社を自律的に行動させるのに役立つ。業績目標の達成状況を知るために

要する管理会計情報は，定期的（例えば，月ごと）に詳細を報告させるとともに，必要であれば週ごと，日ごとあるいはリアルタイムに報告させるようにすればよい。正式の報酬を伴うような業績評価は，定期的（例えば，半年ごと）に行えばよい。

　第3に，グループ業績評価の枠組みを用いることにより，新規事業の効果，既存事業間や既存事業と新規事業の間のシナジー効果の評価に役立つ。また，グループ本社の支援すべき箇所やその効果の見積もりに役立つ。

　第4に，グループ戦略と首尾一貫した業績評価基準を設定し，その意味を理解させることによって，戦略の実行を従業員に動機づけることができる。グループ戦略，グループ目標を同時に理解させることによって，自部門や自社のグループ内での位置づけや果たすべき役割が明確になる。またその業績評価基準を理解することにより，何に注意を払えばよいかが明確になる。

　第5に，非財務目標をも考慮した適切な財務業績基準を設定することにより，利益の追求だけでなくその他の目標の達成をも考慮に入れることができる。また財務指標と非財務指標の因果関係を考慮することにより，何をやればよいかがよくわかるようになる。これは，グループの自主的，自律的行動に役立つ。

　第6に，統一的尺度で評価することにより部門，事業部，関係会社の間での情報交換や情報共有を促進させる。それにより，求心力を高めることもできる。またそれにより，実施結果について議論しやすくなるので，組織学習や知識創造を促進させることにも役立つ。

IV　グループ業績評価システム設計における考慮点とマトリックス評価システム

4.1　グループ業績評価システム設計における考慮点

　グループ業績評価システムを設計する場合にまず考えなければならない点は，業績評価システムがグループ全体の短期目標だけでなく，長期的な戦略目標の達成に有効でなければならないという点である。そのためには，業績評価基準

が両者の目的の達成に役立つものでなければならない。

　第2に，評価する事業単位の大きさである。この大きさの決定には権限と責任の範囲を考慮することが重要であるが，事業単位が他から影響を受ける範囲，事業単位が他から支援を受けることができる範囲等をも合わせて考慮することが重要である（サイモンズ 2005，100-111頁）。一般に，事業単位のくくりが小さければ，計画と施策を具体的に考察できるという点ではよいが，総合的な観点からの考察や，広い範囲でのシナジーを考察対象にできないという欠点もある。小さな事業単位を設定すれば，権限と責任の委譲範囲に関する細かなルールが必要になる。またそのためには，詳細な評価情報が得られることが前提となり，詳細な情報を得ようと思えばコストもかかることになる。逆に，事業単位のくくりを大きく設定すると，総合的な観点から目標やシナジーについて考察でき，権限と責任の範囲やルールを細かく決める必要はなく，詳細な情報も必要なくなるが，具体的な施策等については考察しにくいという欠点が生じる。それ故，評価単位の大きさを適切にすることが重要になる。時には，責任単位を広狭2通りにして，両方の評価が可能なシステムを設計をすることが，有効である場合もある。

　第3に，評価システム設計には，事業単位の権限と責任とモニタリングの関係を考慮することが必要である（伊藤 2002，第8章）。一般に，権限と責任の間には一方が大きくなれば他方も大きくなり，一方が小さくなれば他方も小さくなるという補完性があることが知られている。しかし，権限・責任とモニタリングの間には，そのような補完性がある場合と，一方が大きく（小さく）なれば他方は小さく（大きく）なるような代替性がある場合がある。すなわち補完性のある場合には，「大きな権限，大きな責任，大きな（強い）モニタリング」と「小さな権限，小さな責任，小さな（弱い）モニタリング」の関係が成り立ち，代替性のある場合には「大きな権限，大きな責任，小さな（弱い）モニタリング」と「小さな権限，小さな責任，大きな（強い）モニタリング」の関係が成り立つということである。これは，大きな権限と責任を与えたのだから，モニタリングを強くしてよく監視すべきなのか，モニタリングを弱くして分権

的効果を高めるのがよいかということを意味する。また小さな権限と責任を与えた場合には、それに応じてモニタリングを弱くするのか、モニタリングを強くして集権的効果を高めるのがよいかということを意味する。それ故、どちらの関係が望ましいのかは企業によって異なるので、システム設計には、その効果的な関係を知ることが必要になる。

　第4に、グループ業績評価システム設計には、事業部門・関係会社ごとの損益や製品ごとの損益の把握が必要になるので、前もって振替価格、本社からの資金調達に対する社内金利、社内資本金制度を採用した場合の社内配当金の算定法、本社費配賦に対する方法、事業部門・関係会社等で発生した費用等の配分法、提供している製品・サービスに対する事業間、事業グループ間で発生した費用等の配分方法を明確にしておくことが必要である。

　第5に、業績評価における会計手続きは不公平がないようにする必要がある。社内事業部門とグループ会社は、費用負担ルールが異なる場合も多く、この場合には会計処理上の優遇措置を統一したり、会計処理を統一する必要がある。例えば、三菱化学株式会社では、2002年8月当時、社内カンパニーは本社の共通費全額を負担し、共通の開発費用も全額負担していた。また社内金利も、割高で固定的であった。しかし、特別な経費（リストラによる損失）等には優遇策があった。グループ会社は配当、技術料、地代、割高なインフラコストを負担するようになっていたが、社内カンパニーに比べて費用全体で見ると負担度は低かった。それ故、制度改革を行い、社内カンパニーに対しては地代や技術料の負担、特別優遇措置の廃止を行い、グループ会社に対しては共通費を負担させた（津田 2003）。また公平性を維持するためには、何を直課し、何をどの基準で配賦するかを明確にする必要がある。

　第6に、会計処理を統一化したり標準化することにより、迅速に情報を提供することが必要である。管理のためには、必ずしも厳密に正確な情報でなくてもよい。その場合には見積値、予測値の利用が有効である。

4.2 マトリックス組織とマトリックス業績評価システム

　グループ経営において，グループ内では各種の事業が行われていたり，各種の製品が生産されているので，基本的には考え方として，本社・関係会社の機能と，各種事業との間をマトリックスの関係で捉え，それを事業単位とするのが有効である（石垣・長澤 1999）。ここで「基本的には」と強調したのは，後述するように，実施上困難な問題が多くあるからである。マトリックス関係を明確に捉えなくても，それを意識した経営を行うことは有効であると思われる。

　マトリックスの関係を明確にとらえた組織形態であるマトリックス組織の採用は古く，アメリカの航空宇宙産業において，1950年代のプロジェクト経営の組織として，マトリックスの名前を与えたことによる。しかし，その後かなりの企業がその組織を採用したが，マトリックス組織のほとんどが失敗した（王2004）。その原因は，２元的な命令系統になるのでマネジャー間で権力争いが生じやすく，しかも組織内でコンフリクトが生じやすくなるが，この問題の解決策が講じられなかったことが大きな原因である。これは権限・責任を明確にしていなかったこと，マトリックス組織に対する理解の不足が原因であると思われる。また，調整のために時間やコストがかかったことも，失敗した原因である。この最後の点は，近年における情報技術の進展とその効率的な利用によって，完全ではないが解決されつつあると思われる。その他の問題は考慮すべき重要な問題であるが，運用の仕方さえ誤らなければ，マトリックス組織は現在において有効な組織であると思われる。実際のところ，現在まだ採用企業は多くはないが，過去の問題点を克服し，マトリックス組織を採用している企業も増えてきている。

　マトリックス組織の利点は，組織の中に２つの異なった組織編成原理を持ち込めるということである。例えばこの組織を採用すれば，資源の最適利用を図るための共有化による効率性と，顧客の要求に素早く反応する市場適応性の両者の視点を，組織編成に取り入れることができるということである。このことは，まさに現代の大規模化した企業の課題の解決に役立つものであると思える。大規模化した企業は，効率性と迅速性の両者を満足させることが急務となって

いるからである。また，マトリックス組織を採用すれば，多様な視点や情報が持ち込まれ，情報の共有化が促進されるという利点もある。多様な視点や情報はコンフリクトの原因でもあるが，その適切な運用を通して学習効果が生まれたり，時には戦略の創発を生じることもあると思われる。

　以上のようなマトリックス組織をもとに，マトリックスの軸を，例えば機能と事業とした業績評価システムを構築すれば，機能別組織の損益と事業別損益の両者が算定できることになり，これにより両者をバランスよく考慮に入れることができる。一般に，機能別組織の管理者は機能別組織の効率を上げるために長期的に望ましい設備や人材を保持したいと思うのに対し，事業別組織の管理者は自分の事業部の短期的損益に関心を持ちがちである。適切なマトリックス評価システムを導入することにより，両方の管理者の要求を満たすことができる。また，適切なグループ業績評価システムの構築と適切な運用は，自律性ある経営を促進すると同時にグループを統合するのに役立つ。

　マトリックス業績評価システムを導入している企業は，業績評価の基準が必要になるので，2つの軸に基づいた予算管理システムを採用することになるであろう（デイビス，ローレンス 1980；カンファレンス・ボード 1980, 第3章，第4章）。機能別組織に割り付けられる予算は，社外にサービスを提供していない組織では，基本的にはコストを中心とした予算となる。しかし，機能部門のサービスの単位当たりコストに適切なサービス単位当たり利益額が加算され，振替価格が決定される場合には，収益と費用による機能別損益予算が作成されることになる。事業別に割り付けられる予算は，その振替価格を受け入れて社内から購入する場合もあるし，時には社外から購入する場合もある。いずれにせよ社内振替価格として，原価基準か市価基準をもとに予算が作成されることになる。機能別組織で発生したコストは，基本的には事業別に割り付けられるように予算が組まれるが，事業部門から見れば，不必要なコストも割り当てられることになる。その結果，事業部門がその予算を拒否することも生じる。それ故，このようなやり方を採用すれば，予算編成過程でも，ムダなコストや余剰となった資源が明らかになる。

次節で，マトリックス業績評価システムを作成しその成果を上げている2社について，その運用の仕方を考察してみようと思う。

V マトリックス業績評価システムの事例

5.1 キヤノン株式会社の事例

マトリックス業績評価システムの導入は今でもまだ多くはないが，古くから成功している会社として，キヤノン株式会社がよく知られている（澤邉 1998；棚橋 2006）。キヤノンの事例は多くの文献で紹介されているので紹介するまでもないが，業績管理という視点からより詳しく述べてみることにする。キヤノンには，現在，映像事務機，周辺機器，イメージコミュニケーション，インクジェット，光学機器，メディカルの6つの事業本部がある。この会社は，1996年に事業本部別連結業績計算制度を導入し，2000年には事業本部別の損益計算書だけでなく，貸借対照表やキャッシュフローによる連結管理も導入している。

この会社では，販売活動や生産活動の大部分は子会社で管理するようにしている。ただ，新規事業については本社で管理し，一定の規模に達するまでそこで管理するようにしている。また，事業本部が単一の製造会社や販売会社をもっているわけではなく，1つの製造会社は複数の事業本部の製品を生産している。販売会社は基本的には，全事業の製品の販売を行っている。このような状況の下で，事業本部別の単独の管理制度が強くなりすぎ，同じ地域なのに本部ごとに製造会社，販売会社をつくることになり，ムダが生じるようになった。また，事業本部に対して，自事業だけでなく広い視野から全体を観て事業させる必要性が生じた。さらに，製造会社は複数の事業を担当し，販売会社はチャネル別管理が行われていたので，統一がとれていなかった。これらのことから統一的な総合的な業績評価システム設計の必要性が生じ，マトリックス業績評価システムが導入された。マトリックス業績評価システム設計の前提となるマトリックス経営の概念図は，（図1-2）の通りである。

(図1-2) マトリックス経営の概念図

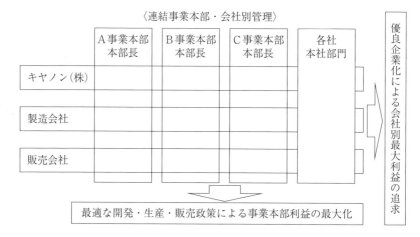

(出典) 澤合良一（1998）「キヤノン：グローバル優良企業グループ構想と連結経営革新に向けた推進施策」，日本能率協会編著『グループ経営革新と関係会社マネジメント実践資料集』113頁．

（図1-2）では，グループ全体として，「会社別最大利益」と「事業本部別最大利益」の2つの目標を同時に追求するという目的が示されている。業績評価システムも両者の利益をもとに設計されるのであるが，利益算定のためには，キヤノン，製造会社，販売会社の間での製品やサービスの取引価格（振替価格）が決まっていなければならないし，発生したコストが，それらの会社間や事業本部間に適切に配分されることが必要になる。特に，キヤノン本社で発生したコストの製造会社や販売会社への配分は，サービスの授受関係により適切になされなければならない。

　マトリックス経営には緊密なコミュニケーションが必要であるので，販売会社や製造会社との緊密な情報交換を行っている。またマトリックス経営の実行には調整しなければならないことが多くなり，時間がかかるが，できるだけ素早く調整するように心がけている。さらにマトリックス評価のためには，既述したようなグループ経理情報の標準化や情報の共有が必要であるので，それも

実行している

業績評価するためには評価目標が必要であるが，連結予算目標がそれにあたる（棚橋2006，310-312頁）。まず経営会議で，事業本部・各社別業績目標が設定され，それをもとに，各事業本部，各社とも編成方針を決めることになる。その後，まず各事業本部から会社別ガイドラインが示され，それをもとに各社は予算を編成しそれを各事業本部に報告する。その各社から報告された数字を突き合わせることにより案を完成する。必要があれば，事業本部は修正を各社に要請し，それを考慮した予算が調整され，各事業部門，各社ごとに最終的に編成される。これが経営会議に提出され，審議され良ければ承認されることになっている。

この予算は四半期決算に対応するために四半期別に編成されているが，最初の四半期は，月別の実施計画も示されている。すなわち12月下旬には，第1四半期から第4四半期までの4四半期ごとの予算と，第1四半期の月別実施計画が示され，3月下旬には，第1四半期の決算見通しと第2四半期以降の計画の見直し，第2四半期の月別実施計画が示されることになる。以下6月下旬，9月下旬にも，同様のことが行われる。そして12月下旬には，その年度の決算見通しと新たな予算のサイクルが始まることになる。

業績管理は月次連結決算システムにより実績を把握し，これと月別計画値を比較することにより行われている。業績評価は半期に1度，予算達成度に加えて，技術力，開発力，マーケットシェア，品質等をも加味して行われている。

5.2　株式会社村田製作所の事例

ムラタグループの事業運営は，村田製作所，国内の関係会社，海外の関係会社から構成されている（泉谷2001；藤田2006）。その取引関連図は（図1-3）の通りである。村田製作所は主に原料，半製品を生産し，これを国内と国外の関係会社（主として国内の関係会社）に供給している。国内の関係会社は半製品と製品に仕上げ，製品はすべて村田製作所が買い，半製品は海外の関係会社に供給されるようになっている。村田製作所は，製品を国内外の顧客に直接販売

したり，海外販売会社を通して販売したりしている。半製品は海外関係会社により加工されて，顧客に販売されるようになっている。

(図1－3) 村田製作所の取引関連図

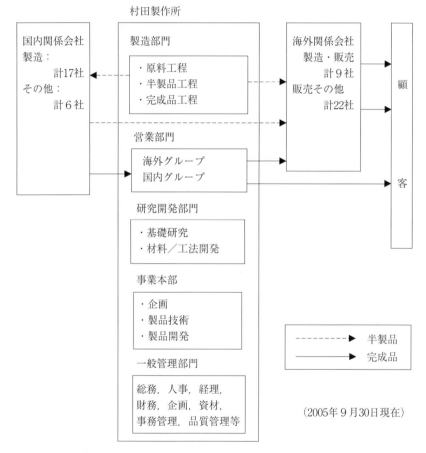

(出典) 藤田能孝 (2006)「村田製作所におけるマトリックス経営を支える経営管理制度」，企業研究会編著『「選択・集中」から「次なる成長戦略」へ：企業革新推進実践事例集』68頁。

第1章　企業グループ経営と業績評価システム

　村田製作所では部門ごとの損益（部門損益）と製品ごとの損益（連結品種別損益）の算定を行い，これらをもとに2次元マトリックスで管理が行われている。ここでいう部門損益とは損益管理の出発点となるものであり，工程別損益，場所別損益，法人別損益を総称している。研究開発，事業企画，一般管理は本社で集中的に行っている。これらを加えれば，3次元の経営になる。

　部門損益の算定において，親会社や一部の子会社では，一般管理販売部門や研究開発部門がその部門以外やそれが属する法人以外のために仕事をする場合がある。その場合にはその費用額を，部門間や法人間に適切に直課または適切に配賦するようにしている。連結品種別損益の算定では，一般管理販売費，研究開発費は法人の枠にかかわらず，受益に応じて直課または配賦するようにしている。そして毎月，損益について予算と実績の比較を行っている。

　損益管理のための主要なルールも明確にしている。例えば，国内外の子会社に半製品で売る価格，国内の子会社から買い上げてくる価格，海外の販売会社に売る価格等の振替価格は，積み上げ方式によって決定されている。ただこの価格で販売できない場合には，特別価格を設定するようにしている。この方式を採用した理由は，本社で確保する粗利益の保証と，子会社での損失に一定の歯止めをかけるためである。また振替価格は，海外の会社を為替に対して敏感な状態に置くために，円で評価するようにしている。

　その他に，全ての資産に対して金利をかける社内金利制度が導入されている。この制度は，設備資金，運転資金等を全て親会社から借り入れたという形で考え，それらに対して金利を課する制度である。しかし，社内資本金制度は採用していない。この制度の下では，過去の利益は剰余金として留保されることになるので，その留保分が判断を誤らせることになるからである。さらに標準原価を設定しており，これは，売価や内部振替価格設定のために，また原価管理や予算編成，棚卸資産評価のために用いられている。

　以上，2つの事例について検討したが，キヤノンは大きな括りでのマトリックス業績評価システムを設計しているのに対し，村田製作所は細かな括りで設計しており，対照的である。しかし両社とも，業績評価制度を戦略実行の手段

として明確に位置づけている。そして両社とも，評価システム設計の大前提である権限と責任，評価のルールを明確に示している。また，トップが適切に主導し，重要な情報はできるだけ早く得られるように工夫している。両社とも成功事例であるが，このような点が成功した原因の1つであると思われる。

VI　グループ業績評価における利益以外の財務指標と非財務指標の重要性

前節まで業績評価の主要指標として利益を考えてきたが，グループ経営のために，EVA（Economic Value Added：経済的付加価値）あるいはEVAの類似指標を業績評価指標に用いている企業も多い。EVAの計算法については章末の（補論）を参照してほしい。それらの指標を評価指標にする理由は，
① EVAが株価と連動している。
② EVAを高めるためには単に利益だけでなく資本の効率性を考えなければならない。
③ 株主が期待している利益である。
④ 設備投資をする際には他人資本による調達だけでなく自己資本による調達も考慮する必要があるが，EVAは自己資本のコストも考慮に入れている。
等である。

よく知られているように，花王株式会社等の企業は，企業全体のEVAか事業ごとにEVAを算定し，この指標を経営に利用している。もしマトリックス評価システムを用いて，事業別のEVAと同時に機能別のEVAを算定できれば，各事業や各機能が自己資本のコストをも含めた資本コストを上回る利益を生み出しているかどうかがわかることになる。ただこの計算のためには，事業や機能ごとの使用資本と，それに関係する資本コストが算定されなければならない。事業別EVAや機能別EVAがマイナスの事業や機能があれば，改善するか廃止する必要があることになる。可能であれば，機能軸と事業軸の両者から求められたEVAを考慮することによって，一方による評価だけでは得られない情報

を提供できることになる。

　また企業価値創造の最終課題はキャッシュフローの増大であるので，グループ本社もグループ全体のキャッシュフローを増大しなければならない。マトリックス業績評価の枠組みで考えれば，事業別のキャッシュフローと同時に，機能別のキャッシュフローが算定されればより望ましい情報が得られることになる。とりわけフリー・キャッシュフローは企業価値の算定等の基礎となる指標である。企業全体のフリー・キャッシュフローとは，企業が自由に使うことのできるキャッシュフローのことであり，営業活動によるキャッシュフローから，投資活動によるキャッシュフローを加減することによって計算される。事業別と機能別のフリー・キャッシュフローの額が常にマイナスということであれば，その事業や機能を見直すことが必要になる。

　このほか，グループ業績評価に非財務指標も重要である。財務指標による評価はある一面を評価しているに過ぎない。キヤノンでは，連結事業本部とグループ各社の評価に対して，収益性，成長性，安全性に関する財務指標のほかに，研究開発，品質，市場，特許，コスト，要因などの総合的に評価できる非財務項目を付加して用いている。期中の管理が必要な場合，事業部門やグループ企業の活動をモニターし，問題を発見したり，未然に問題を予防することを可能にするような評価システムが必要である。また継続的にプロセスを改善し，グループ内の人を動機づけるような評価が必要である。そのためには，非財務指標による評価がどうしても必要になる。というのは，財務結果だけでなく，それ以上にその結果の原因となった非財務指標を適切に計画，統制することが重要となるからである。財務指標と非財務指標を関係づけることにより，どうすれば財務結果を向上させることができるかがよく分かるようになる。それ故，マトリックス業績評価システムから得られる事業本部別損益と会社別損益，部門ごとの損益と製品ごとの損益のような財務数値だけでなく，その背後にある非財務指標をも用いて管理することが必要となる。すなわち，2軸の財務数字と非財務指標を関連づける必要があると思われる。それにより財務数値が立体的に捉えられることになり，適切な経営をすることができるようになると思わ

れる。

Ⅶ おわりに

　本章では，まずグループ本社の役割は各種あるが，最も重要な役割は，グループ企業に自主性，自律性をもたせながらグループ全体を統合し，全体的立場から事業を管理することであると考えている。そして業績管理会計の分野の中心テーマの一つである業績評価システムに焦点を当て，その重要性，そのシステム設計における考慮点について考察した。本章での業績管理会計の範囲は，本論でも述べたように，戦略との関係にまで拡大したものを対象としている。そして特に，グループ企業に全体的視点から行動するよう促すものとして，グループ連結業績評価システムについて，その設計と運用の仕方について考察した。また，グループ会社に統合された自律性をもたせるには，グループ戦略やグループ目標を明確に示すことの重要性と，事業ユニットの権限と責任，そのユニットの評価基準を明確にすることの必要性を指摘した。その際，振替価格，共通費や本社費の配賦ルール等を明確にしておくことも重要であると指摘した。

　企業が大規模化すると，グループ内で数多くの事業を行うことになるので，多かれ少なかれ企業（企業内の機能）の軸と同時に，グループを超えた事業（製品）別の軸の両者を意識した経営をしなければならない。本章ではそれに適したものとして，マトリックス経営やそれを前提としたマトリックス業績評価システムの有効性を主張した。マトリックス組織は複雑な組織なので，以前，適切な運用がなされなかったため，ほとんどの企業で失敗した。しかし，適切に適用すれば現在の企業の要求に最も合致する組織であると思える。最近ではその運用に成功している企業もかなりあり，その事例として，キヤノンと村田製作所の事例を採り上げ考察した。キヤノンは大括りのマトリックス評価システムを採用し，村田製作所は細かい括りのものを採用しているが，どちらもビジョン，戦略，権限・責任，評価ルール等が明確に定められていた。

　今後のグループ経営を考える時の課題として，もし事業部門・関係会社で処

第1章　企業グループ経営と業績評価システム

遇の差がでる場合，モラールをいかに向上すべきかの問題がある。例えば，将来性のない事業を行っている事業部門・関係会社は，資金，人的支援等の面でどうしても不満が生じやすくなる傾向がある。また，子会社・関係会社は商流で繋がっているので，業績評価において個々の事業部門・関係会社の業績を強調し過ぎれば，振替価格等をめぐり対立が生じる。そのため連結業績評価と，各事業部門・関係会社の業績評価のバランスをどうするかの問題がある。さらに，本章では，特にマトリックス業績評価の最も重要な指標として利益を考えたが，第Ⅵ節で触れたように，EVAやキャッシュフローによるマトリックス評価の有効性や，非財務指標との関連のさせ方等の検討すべき興味ある問題がある。このほかにも，本章ではグループ内の企業だけに焦点を絞り考察してきたが，グループ外の企業との関係の考察も今後の課題である。

参考文献
浅田孝幸（2005）「日本企業における持株会社制の特徴」，門田安弘編著『企業価値向上の組織設計と管理会計』税務経理協会．
石垣政博，長澤育範（2004）「管理会計から経営志向会計へ」『知的資産創造』9月．
泉谷　裕（2001）『『利益』が見えれば会社が見える：村田流「情報化マトリックス経営」のすべて』日本経済新聞出版社．
伊藤秀史（2002）『日本企業変革期の選択』東洋経済新報社．
王　輝（2004）「マトリックス組織の復活とその管理の仕組みについての考察」『NUCB Journal of Economics and Information Science』第48巻，第2号．
小沼　靖，河野敏明（2005）「次世代グループ経営モデルの構築」『知的資産創造』1月．
カンファレンス・ボード編著，日本能率協会訳（1980）『マトリックス組織：その適用と運用の実際』日本能率協会．
サイモンズ，R. L. 稿，鈴木泰雄訳（2005）「業績は『権限と責任』に従う」『ダイヤモンド・ハーバード・ビジネス・レビュー』12月．
澤合良一（1998）「キヤノン：グローバル優良企業グループ構想と連結経営革新に向けた推進施策」，日本能率協会編著『グループ経営革新と関係会社マネジメント実践事例集』日本能率協会．
棚橋勝人（2006）「キヤノンにおけるグローバル・グループ連結経営の推進と管理システム：グローバル優良企業を目指して」，企業研究会編著『「選択・集中」から「次なる成長戦略の実現」へ：経営革新推進実践事例集』企業研究会．
谷　武幸（1990）「企業戦略と業績管理会計」『會計』第137巻，第5号．
津田　登（2003）「三菱化学：グループ経営と持株会社制」，企業研究会編著『21世紀の

グローバル＆グループ経営のあり方：グループ企業価値最大化の戦略とマネジメントシステム』企業研究会．
デイビス，S. M., P. R. ローレンス著，津田達男，梅津祐良訳（1980）『マトリックス経営：柔構造組織の設計と運用』ダイヤモンド社．
寺本義也（2005）『コンテクスト転換のマネジメント：組織ネットワークによる「止揚的融合」と「共進化」に関する研究』白桃書房．
中島　済，小沼　靖，荒川　暁（2002）「ペアレンティング：本社組織の新しいミッション」『ダイヤモンド・ハーバード・ビジネス・レビュー』ダイヤモンド社，8月．
浜田和樹（2006）「連結グループ経営のための業績管理会計情報」『會計』第170巻，第4号．
浜田和樹（2007）「グループ本社の役割とグループ業績評価システム：特にマトリックス評価システムを中心として」『西南学院大学商学論集』第48巻，第3・4合併号．
藤田能孝（2006）「村田製作所におけるマトリックス経営を支える経営管理制度」，企業研究会編著『「選択・集中」から「次なる成長戦略の実現」へ：経営革新推進実践事例集』企業研究会．
ベリングポイント（1999）『グループ経営マネジメント：連結シナジー追及戦略の構築』生産性出版．
山本夏樹（2006）「日立における経営改革と人事戦略：新型ガバナンスによるグローバル・グループ経営」，企業研究会編著『「選択・集中」から「次なる成長戦略の実現」へ：経営革新推進実践事例集』企業研究会．
横田絵理（2005）「自律的組織とその統合のためのマネジメント・コントロールについての一考察」『會計』第168巻，第6号．

補論　EVAの計算法

　EVAは，会計上の利益を実態に合うように修正し，後述するように他人資本のコストはもとより，自己資本のコストも含めた資本コストを控除して計算されるので，真の意味での企業の儲けを表しているともいわれている。EVAは経済的付加価値のほかに，経済的利益（Economic Profit）ともいわれている。EVAは，

　　EVA＝税引後営業利益－資本コスト額

で計算される。

　税引後営業利益（Net Operating Profit After Taxes：NOPAT）は，事業活動による成果であり，NOPATの計算には，支払利息のような資金調達活動に関わ

る費用は含まれていない。またNOPATの計算には，より経済的実態に近づけるよう会計上の利益ではなく，これを修正して経済学上の利益概念に近い値に調整される。ただ，現実には，日本企業においては重点項目だけを修正，あるいは修正しない場合もある。資本コスト額は，

　　資本コスト額＝投下資本×資本コスト率

で求められ，資本コスト率の計算が特に面倒である。

　資本コスト率は，他人資本コスト率と自己資本コスト率の加重平均で求めることが多い。他人資本コスト率は他人資本の提供者の期待収益率であり，これは支払利息に等しい。自己資本コスト率は株主の期待収益率であり，株主が期待するものは株式の値上がり益と配当である。それ故，株主の期待収益率はこれら2つのものによって決定されると考えるのがよい。また，この資本コストは調達費用ではなく，資本の提供者が他の用途に資本を利用すれば得られると期待される最大の利得，すなわち機会原価であると考えるのがよい。

　自己資本コスト率（株主の期待収益率）の算定には，資本資産価格モデル（Capital Asset Pricing Model：CAPM）が使われることが多い。この決定法によれば，株主の期待収益率は，無リスクの金利にリスクプレミアムを考慮した値を加えて決定されるということになる。すなわち，自己資本コスト率は，

　　自己資本コスト率＝安全利子率＋β（市場期待収益率－安全利子率）

によって決定される。ここでβは，一般に月次データを用いて次の式を回帰分析することによって決定される。

　　（当該企業株式の月間ベースの投資収益率）－安全利子率÷12

　　　　＝β（株価指数の月間ベースの投資収益率－安全利子率÷12）

ただ，日本企業では，自己資本コスト率を厳密な統計分析で決定しないで，政策的に決定している場合も多い。というのは，日本企業において，正確な決定よりも，自己資本の使用は無料ではなく，コストがかかっているという意識を持たせることが重要であると考える経営者が多いからである。自己資本に対するコスト意識を持たせるためには，厳密に正確でなくてもある程度の正確性をもったコストを課することが重要であるからである。

投下資本は，
　　投下資本＝有利子負債＋自己資本
あるいは，
　　投下資本＝（流動資産－無利子流動負債）
　　　　　　＋（有形固定資産－減価償却累計額）＋その他の資産
で計算される。前者は，投下資本を資金の調達面から捉えているのに対して，後者は資金の運用面から捉えている。無利子流動負債を投下資本の額に含めない理由は，例えば，無利子流動負債の代表例である買掛金等は，支払いを猶予してもらうことになるため，通常，現金支払額よりも多く設定される。それに対して資本コストを控除すると2重の控除になるからである。

　規模が大きい企業は，投下資本が大きくなるので資本コスト額が大きくなり，規模が小さい企業は，投下資本が小さいので資本コスト額が小さくなる。また，利益の変動性が大きい企業は，資本コスト率が高くなり，規模が同じ企業と比べてみると資本コスト額が大きくなり，利益の変動性が小さい企業は，資本コスト率が小さくなり，規模が同じ企業と比べてみると資本コスト額が小さくなる。

第2章　企業間管理と管理会計
：SCMの管理のための財務・非財務指標と利用法

I　はじめに

　企業間競争の激化により，各企業は価格低減，品質向上，納期短縮，新製品開発等の顧客満足をもたらすあらゆる手段を用いて，競争優位を獲得しようとしている。しかしながら自社内の組織間管理のみでは，競争優位の獲得に役立つ手段となるコスト削減，消費者への迅速な対応，知識創造の十分な効果等が得られない場合も多い。それ故，それらを克服するために，企業間システム全体を対象とした管理が必要になる場合も多い。

　企業間システム全体を観ることによって，どこがネックになっているかがよく分かるので，各企業がコスト削減，納期短縮のために採りうることができる対策がより明確になる。企業間の処理手続きを単純化，統一化することによっても，コスト削減を図ることができる。関係会社全体で原価企画を共同で実施することにより，個別企業で実施する以上のコスト削減が可能になる。また最終消費者からの需要情報が即座にメーカーに届くようにすれば，メーカーの最終需要への迅速な対応が可能になる。これは，近年の情報システムの急速な発展により，実行可能性が高まっている。

　近年，各企業は，購買，生産から最終消費者に届くまでを1社がすべて行うことは少なくなり，コアコンピタンスである部分のみを残し，他は外部へアウトソーシング（外部委託）する傾向も現れている。そのような場合には，最終需要に関する情報をいかにメーカーに素早く伝えるかが，特に重要になる。またそのような場合，自社だけによる知識創造は不可能であり，企業間の関係を前提とした知識創造を考えることが必要になる。

本章では，企業間管理としてSCMを採り上げ，その特徴について考察すること，またその管理法を管理会計的立場から考察することを目的としている。もちろん，サプライチェーン（Supply Chain：SC）全体を1社が担当することもあり，その場合には，SCMは単一企業を対象とすることになるが，本章では，SCM全体を複数以上の企業が担当する場合について考察する。SCMは，部品の調達から，生産，販売，物流そして最終消費者に届けられるまでの業務の流れを1つの大きなチェーンとしてとらえ，この全体を最適とするよう管理することである。

　SCMは，全体最適を達成するものとして，今日ますます重要視され，P. F. ドラッカーも『明日を支配するもの』（日本語訳）の中で，経済連鎖全体を管理することの重要性を指摘している（ドラッカー B 1999, 131-135頁）。ドラッカーは，SCという用語ではなく，経済連鎖という用語を用いている。ただドラッカーは，経済連鎖の考え方はアウトソーシング，提携，合併などの支配被支配ではなく，パートナーシップを基盤とする企業間関係を前提としていると述べ，経済連鎖の意味を本書より狭く捉えている。本書では，アウトソーシングや提携によるSC関係も全てSCMの対象領域と考えている。

　本章では，まずSCMの特徴について述べ，効率追求型SCM，市場対応型SCMから統合ディマンドSCM（統合DSCM）へと変化する必要があることを指摘する。また本章では，SCMの財務指標による管理について考察し，次に長期的視点から利益獲得を目指すためには，財務指標・非財務指標の両者による管理が必要であるので，そのための手法としてバランスト・スコアカード（Balanced Scorecard：BSC）による管理とその利用法について考察する。

II　企業間管理の1タイプとしてのSCM

2.1　SCMの特徴と統合DSCMの必要性

　SCは製品ごとや製品グループごとにつくられているが，時には同じ製品グループに属していながら各製品を異なったSCに組み込んでいる場合や，ある

製品をSCに組み込んでいない場合もある。それ故，企業内では多様なSCMが実施されていることになる。序論でも述べたように，SCを1社が担当したり，多数の企業が担当することもあるが，実際には，SCMは自社を中心とした直接の購入者と直接の販売者のみ，部品の購入と生産のみ，生産と販売・物流のみのように，チェーンの一部だけを対象とすることが多い。またSCMは，SC全体の立場から全体最適を目指して管理を行うもの（全体最適型SCM）と，個別企業の立場から自企業の最適を目指して管理を行うもの（個別最適型SCM）がある。

全体最適型SCMは企業間の協調関係を前提としている。ただ全体最適型SCMでもSC全体の利益の創造という面では強調し合うが，全体利益の分配という面では競争が生じる。そのため利益創造のための情報だけでなく，利害調整のための情報も必要になる。個別最適型SCMは基本的には自企業と他企業間の競争関係を前提としているが，自企業に協調関係が有利となれば，部分的に強調することも必要である。交渉力を高めるためには，特にパワー関係が重要になる。それ故，自企業がパワー有意であればそれを高めるであろうし，パワー劣位であれば依存関係を緩めるべく多角化，部品の内製化を行うであろう。また劣位を補うための関係契約を結んだり，第三者機関に働きかけることもあるであろう。そのためには，それらに関連する情報も必要になる。

ただ全体最適型であろうと個別最適型であろうと，SCMを効率追求型SCMと市場対応型SCMに大きく分けて考察すると，改善のための焦点を当てる箇所や，必要となる情報の種類が明確になり便利である（西村1999）。

効率追求型SCMは，効率的な設備の利用と在庫移動，人件費や経費の削減が中心課題となっている。このタイプのSCMはメーカー主導型に多く，革新的ではなく通常の機能の安定供給が重要である機能的製品に適している。機能的製品は需要が安定しており，予測しやすい。またライフサイクルは長く，製品1個当たりの利益率は低いという特徴をもっている。特に必要な情報としては，在庫や設備の効率に関する情報やコスト情報等が重要になるであろう。

これに対して市場対応型SCMは，市場対応コストの削減，素早い対応を可

能にする柔軟な業務プロセスの構築が中心課題となっている。市場対応コストとは，供給不足による機会損失，供給過剰による値下げやコスト割れ販売による損失額のことである。このタイプのSCMは小売業主導型に多く，需要がイメージや機能によって影響される需要変動の大きいライフサイクルの短い製品に適している。特に革新的製品の場合は需要が不安定で予測困難であるので，機能的製品に比べて市場対応が重要になる。また顧客が望んでいる製品を素早く開発し，提供することが重要になれば，製品の開発も考慮に入れたSCMが必要になるであろう。これについては，第8章で考察する。市場対応型SCMに特に必要な情報は，需給状態についての情報，過剰在庫に関する情報，市場対応を実現するための柔軟性や内部効率に関する情報，市場対応コストの情報，情報収集や情報共有の適切さに関する情報，顧客満足を高めるための製品についての情報等である。

　しかし，効率追求型SCMだけでは，売上高の増大を達成することはできない。売上高の増大には，顧客の要求に応えることが必要である。また市場対応型SCMだけでは，効率的な供給ができない。どちらのタイプであっても，SCMには，顧客の要求を素早く汲み取るディマンドチェーン（Demand Chain：DC）と統合させた管理が必要である（西村1999；アンダーセン・コンサルティング，ガトーナ2000）。すなわち，統合DSCMが必要である。

　そして，DC内を顧客情報や顧客のアイデア（顧客知）が流れることになる。これらのものには，現在のSCの改善に直接結びつくもの，顧客のアイデアやニーズに関するもの，さらには顧客の個人情報までも含まれる。DCを効果的に利用し顧客満足を達成することにより，製品の販売だけでなく，製品のメンテナンス需要，派生需要等を取り込むことにもなる。これによって顧客の囲い込みができることになると思われる。

　DCを効率よく機能させるためには，顧客が情報やアイデアを発信しやすくさせる工夫や，発信したものを適切に取り込み，メンバー全体で共有するような体制作り，さらには顧客情報とアイデアの蓄積と解析を可能にするシステムづくりなどが必要になる。そのためには，顧客とのコラボレーションが必要に

なる。

どちらかというと効率型SCがコストセンター，市場対応型SCがレベニューセンターとしての機能が重視されるのに対して，統合DSCは明確に顧客内シェアーの向上や新規顧客獲得と同時に，コスト削減をも目指すプロフィットセンターとして位置づけられる。そして，統合DSCMは戦略的視点，戦術的視点，業務的視点から，管理されることが必要である。戦略的視点とは，売上高の増大等をもたらす構造的変化にSCをいかに適合させるかに関わっている。戦術的視点とは戦略的目標を実現する手段に，業務的視点は日々の効率的運営に関わっている。しかもこれらの3つの視点からの管理は，相互に連携していなければならない。

2.2 垂直的SCMと水平的SCM（水平展開型ビジネスモデル）

前項ではSCMの特徴を述べたが，これらは資材の調達から顧客に届けられるまでを対象としたいわば垂直方向の通常の場合のSCM（垂直的SCM）の特徴である。顧客のニーズが変われば，それに合わせてSCを再編する必要がある。その再編にはメンバーを新しく入れ替えるというやり方に加えて，企業のニーズ，所有している資源，現在の製品や事業プロセスと再編後の製品や事業プロセスの間で生じる有形や無形の相互関係等を考慮に入れて，自企業に有意ある機能を基点として水平に展開するという再編もある。

有形の相互関係とは，共通の買い手，チャネル，技術等が共同化できるような相互関係のことである（ポーター1989，第10章，第11章）。無形の相互関係とは，買い手のタイプや購買の方法，製造工程のタイプ等が似ており，技能やノウハウが利用できるというような相互関係のことである。特に，環境の変化により，事業セグメントや顧客セグメントが生み出す利益の総額であるプロフィットプールが移動したのであれば，有利な事業を求めてSCの水平展開を行う必要性が高まる。それ故，企業は効果的な垂直的SCMと同時に，取引を活性化させたり，新しい基盤を提供する役割を担うプラットホームをもとに，有利な水平展開の可能性を常に考慮に入れておくことが必要である。

このような水平展開が極端に進むと，自社が関係するSCにおいて，市場に提供する分野を絞る一方で，その分野で高いシェアを取ろうとする経営方式が生まれる。これを垂直的SCMに対して水平的SCMと言う研究者もいる（國領 1999；國領 2001）。ただ水平的SCというよりも，SCの特徴をあまり持たないので，水平展開型ビジネスモデルという方が適切なのかもしれない。このような傾向は，業界によって製品の全体がモジュールに分けられ，その個々のモジュールについて，自主的に開発できるようなやり方が広まったことによる。
　また水平方向の展開には異なる企業間で機能分担が重要となり，情報交換のルール等を事前に決定しておくことが重要になる。情報技術の発展は，このような水平方向の動きを加速させている。また物流システムが高度化してくると，その機能を共同化し水平展開しようとする傾向が生まれてくる。日用品業界などはこの例である。一般に垂直方向から水平方向に事業展開し，その事業について水平方向で優位に立った企業は，また垂直的SCMを強化する傾向があるようである。

Ⅲ　SCMへの管理会計の有用性

3.1　SCMへの財務指標による管理
3.1.1　コストと成果を示す指標

　SCMは，もともと自社を中心に管理する個別最適型SCMとして発展してきた。それ故，自社を中心としたSCの効率性，迅速性や成果を評価する多くの指標が，管理のために用いられてきた。管理会計もこの目的に合致すべく指標の開発が行われ，評価方法が工夫されてきた。そして，SCの効率性や迅速性を評価するために，コスト指標や在庫回転率の指標がよく用いられてきた。また成果を示す指標として，利益や利益率の指標が用いられてきた。
　これらの指標はSCMに大きな役割を果たしてきたことは事実であるが，従来のコスト算定法では，SCごとの額を正確に算定できないという反省もある。コストは費目別に集計され，SCごとに分けて詳細に把握されるようにはなっ

ていないからである。ABC（Activity-Based Costing：活動基準原価計算）を用いると活動ごとにコストが明らかになるので，その活動のどれだけが対象とするSCに使われているかを明らかにすることによって，SCごとのコストが正確に算定できることになる。そしてその結果を，購買管理や販売管理に役立てることができる。ここではこの点のみについて考察する。ABCの特徴についての詳しい説明は，章末の（補論1）を参照してほしい。

　購買管理にABCを用いると，サプライヤーごとにしかもSCの活動ごとにコストが明らかになるので，サプライヤーの正確な評価ができる。また原価低減の可能性や，サプライヤーと自社で原価低減をどう分担すべきかも明らかになる。というのは，購買関連コストのうち購入価額以外では，購入数量の大きさに比例して変化するコストはほんのわずかしかなく，多様なコストドライバー（Cost Driver：原価作用因）によって変化するからである。材料の注文，受け入れ，検収，移動，支払に関するコストは，バッチ数によって変化する。材料および部品の仕様を設計したりするコストは，製品種類数によって変化する。

　自企業にとって最もよいサプライヤーとは，購入関連コスト（購入価格＋購入によって生ずる費用）が最小で納入できる企業であるが，ABCが対象とする購入関連コストは，購入と直接的に関連する活動から生じるもののみであるので，対象範囲が狭いという欠点がある。

　これに対して，TCO（Total Cost of Ownership：所有に伴う全コスト）は，購入価格，購入と直接的に関連するコストのほかに，その購入部品の使用・維持等のコスト，購入部品を使用することによって生じた欠陥品ややり直し等によって生じる失敗コスト等の間接的にしか関連しないコストをも含む（Carr, Ittner 1992）。それ故，TCOが対象とするコストは，ABCよりも広い。一般に，サプライヤーを管理したり評価する場合のコスト対象範囲は，TCOのように広く考えることが望ましい。TCOを実行するためには，活動ごとに分けて考える必要があるので，ABCと関係づけることが有用である。またTCOは，購買活動を中心に考えるので，SC全体のコストを対象とするものではない。近年では，製品価値を高めるためのサプライヤー支援コストが重要になっているので，

SC全体を対象としたTCOとABCを組み合わせた利用が望ましいという主張もある (Ellram 1995)。

販売管理にABCを用いると,販売チャネルにおける活動ごとのコストが正確に算定され,また顧客別のコストも正確に算定されることになる。それにより,販売チャネルや顧客ごとに原価低減が可能な活動と,低減額が明らかになる。また有利な販売チャネルと不利な販売チャネルの識別や,有利な顧客と不利な顧客の識別が可能になる。

近年では,製品に対する技術支援,サービス水準の向上等,顧客価値を高める活動がどれほどのコストを発生し,どれほどの利益の増加に結びつくかを明らかにすることが,特に重要になっている。また製品の価値を決定するのはサービスであるともいわれるようになり,製品とサービスを一体として販売するようになると,ますますABCを用いたコスト分析だけでなく,利益分析が重要になってくる。このような状況を反映して,ABPA (Activity-Based Profitability Analysis:活動基準利益分析) の手法も提案されている (マイヤー2004)。

ABPAはABCを展開させて,活動が売上高に与える影響とコストに与える影響の2面から分析して,利益がどのように変化するかを明らかにする分析である。そして,活動,コスト,売上高の関係は,顧客に関係づけて分析すればやりやすくなるので,W. W. マイヤーは顧客を媒介とした利益分析法を提唱している。というのは,活動とコストの間の関係は直接的であるが,活動と売上高の関係は不明確な部分が多いからである。しかしながら顧客の要求を満たすために活動を行い,活動がコストを発生させ,顧客が売上高をもたらすという関係は,ある程度の厳密性をもって跡づけることができるからである。

ただ,活動が売上高に与える影響の見積もりは,コストに与える影響の見積もりより難しいことは事実である。それは,コストは活動と同時に発生するが,売上は遅れて発生するということ,また売上は顧客が採る活動によって変わるということからである。次の,

① 活動ごとのコストが把握できる。

② 顧客からの売上高が把握できる。

③ 顧客に対してなされる活動が顧客ごとに把握できる。

が可能であれば，ABPAが実行でき，それを用いてSCごとの利益を正確に算定できることになる。この額をもとに分析すれば，SCMにおいてどの活動を行えば利益がどれだけ増えるかが分かることになる。

3.1.2 スピード経営に役立つ指標

SCMにおいてはSCを素早くモノや情報が流れることが重要なので，在庫額や在庫回転率が従来からスピード経営に役立つ指標としてよく利用されてきた。近年，スピード経営に役立つ指標として，スループットの指標が利用されている。スループットの指標の詳細については本書の第6章で詳しく説明するので，ここでは省略する。

このほかにスピード経営に役立つ指標として，野村総合研究所は，(SC-ROA) の指標を考案している（郡司，長沢，正岡 1999）。この指標は（売上−運営経費）÷運転資本で計算され，運転資本回転率によく似た指標である。また現金の効率的運用の度合いを表す指標として，キャッシュ・コンバージョン・サイクル（Cash Conversion Cycle：CCC）がある。この指標についての詳しい説明は，（補論2）を参照してほしい。この指標はキャッシュ・ツー・キャッシュ・サイクル，キャッシュサイクル（郡司・長沢・正岡 1999），または現金サイクルともよばれている。これは，メーカーであれば，製品販売を通じた顧客からの入金日から，資材や製品の調達に対する支払日の差で表される。すなわち，

　　CCC＝資材が購入され，そして製品に変換されその製品が販売されるまでの全期間(棚卸資産回転期間)＋売上債権回収期間(回転期間)−買入債務支払猶予期間(回転期間)

で表される。

3.2 SCMに役立つSC全体の財務指標

自企業のコストだけでなく，他企業をも含めたSC全体のコストを計算することが可能であれば，次の利点を持つことになる。

① 個々の活動やプロセスの業績を，SC全体の観点から評価できる。
② SCの構造を評価したり，改善すべき箇所が明らかになる。
③ 仕事の改善や技術改善が，SC全体のコストにどう影響するかが分かる。
④ SCの編成に役立つ。
⑤ SCメンバーに全体的観点から考えさせる手段を与える。
⑥ SCメンバー間でのコストと便益の配分決定に役立つ。

実際，ソレクトロンは，トータルSCコストを計算している（ハンドフィールド，ニコルス 1999）。そこでの「トータル」という言葉は，自社の管理が直接に及ぶ範囲全体という意味で使われている。しかし，他企業を含めたトータルSCコストの算定ができるためには，かなりの信頼関係を必要とするであろう。その意味で，SCが系列企業，長期的に密接な提携を結んでいる企業から構成される場合には，トータルSCコストを算定することができる場合も多いと思われる（阿保，矢澤 2000）。SCコストの正確な算定には，既述したようにABCが有用である。ABCを用いたトータルSCコスト算定のステップは，次の通りである（Lalonde, Pohlen 1996）。

① SCプロセスの分析
② プロセスを活動に区分
③ 活動に必要とされる労働，設備，材料，用役等の資源の識別
④ 活動へのコストの割り当て
   企業間に活動がまたがっている場合には，資源コストを跡づけることは難しくなる。また，数企業からの資源を消費している場合もある。それらの場合には，専門家の知識，標準値，見積値を利用する。
⑤ SC全体のコストを販売チャネル，顧客ごとに跡づけ
⑥ 分析とシミュレーション

ABCを用いたSCMの例として，H. C. デッカーはイギリスの大規模小売企業の例を示している（Dekker 2003）。その会社は約30から40社のサプライヤーからSC全体の業績向上のために情報の提供を受け，ABCに基づいたコストモデルを作成し，その分析，利用を通じてSC全体のコスト削減に役立てている。また分析結果をサプライヤーに提供するようにしている。この会社は情報の共有化に成功しており，サプライヤーとWin-Winの関係を築くことに成功している。

以上はSCに他企業が含まれている場合のトータルSCコスト算定についてであるが，トータルSC利益の算定はより難しくなるであろう。というのはABPAの考え方を用いると，3.1.1で述べたように，顧客を分析単位の中心として，活動，顧客，売上高の関係を正確に跡づけることが必要になるので，SCに他企業が含まれている場合，活動と売上高の関係はよりあいまいになるからである。もし跡づけ可能であれば，個々の活動の影響がSC全体の売上高にどのような影響を与えるかが分析できることになる。

Ⅳ　SCMへの財務・非財務指標による管理（BSCによる管理）

SC全体の管理には，近年，財務情報のみによる管理の問題点が指摘され，財務情報と非財務情報の両者を用いた管理の必要性が提唱されている。というのは，短期だけでなく長期の視野から考えると，SCの編成を考慮したり，物的資産，人的資産，知的資産等の充実が必要だと考えられるからである。また企業間SCMの場合には，協調意識を持たせる施策，情報の共有，関係を維持するための関係特殊的投資の実施度等の指標も必要になるからである。

財務・非財務指標を用いた管理として，管理会計の分野でよく知られているように，BSCによる管理法が研究されている。この手法は戦略に基づいて，財務の視点，顧客の視点，ビジネスプロセスの視点，学習と成長の視点から，具体的戦略目標とその目標を達成するための具体的指標を設定し，戦略の実施

を助ける手法である。これらの指標の中には，財務指標と非財務指標，長期指標と短期指標，結果指標とプロセス指標などが，バランスよく含まれていることが重要であり，管理者はそれぞれの指標の因果関係を正しく把握しておくことが必要がある。指標間には，一般的に，（学習と成長の指標）→（ビジネスプロセスの指標）→（顧客の指標）→（財務の指標）というような因果関係がある。そしてその因果関係から，最終的な財務の指標を達成させるためには，それ以前の段階のどの指標を達成しなければならないかが分かる。

R. S. キャプラン，D. P. ノートンのBSC（Kaplan, Norton 1996, 2001）は，前述の4つの視点から構成されているが，サプライヤー関連のものは，ビジネスプロセスの視点や学習と成長の視点の中で考察されることになる。SCMのために，サプライヤーの視点が特に重要であれば，それを5つ目の視点として加えることもできる（Ackermann 2003）。BSCを用いると，ステークホルダー間の利害調整がやり易くなり，SCM戦略の実行のためにはSCメンバーが何を行えばよいかが明確になる。また重要な評価指標をメンバーが共有し易くなり，指標を継続的にモニターすることによってどこに問題点があるか明確になる。さらに状況を注意深く検討・議論する過程で，戦略が創発されることもある。(Brewer, Speh 2000, Zimmermann 2002)。

（表2-1）はSCMのためのBSC指標を選ぶ時の目標の例であるが，この中には自企業の利害を反映した目標だけでなく，他企業との協調関係の重要性を反映した目標も含まれている。それらの目標を反映した指標によって自企業の業績評価が行われるが，メンバー企業に影響を与える指標やメンバー企業からの影響を受ける指標を考慮して，メンバー企業の業績評価も行われる。その業績結果によってはメンバーの入れ替えを行う必要もある。

(表2−1) SCMのための戦略目標

財務の視点	利益,利益率,EVA(経済的付加価値)の向上 スループットの増大 キャッシュ・コンバージョン・サイクルの短縮 (SC-ROA)の向上
顧客の視点	市場占有率の向上 顧客定着率の向上 新規顧客獲得率の向上 顧客満足度の増大
ビジネスプロセスの視点	在庫回転率の向上,在庫削減 TCOの減少 返品率の削減,品切れ率の削減,受注残の減少 品質の向上 納期厳守率の向上,納期サイクルタイムの削減 需要に対する迅速でフレキシブルな対応
サプライヤーの視点	トータルSCコストの削減 共有データ数と共有を促す場の増大 関係契約の充実度,関係特殊的投資の実施度 技術供与の度合い 共同開発支援体制の整備 パワー優位の確立,パワー劣位の克服
学習と成長の視点	従業員満足度の向上 情報技術の整備 教育関連投資の増加 需要予測の精度の向上

V BSCのインタラクティブ・コントロール・システムとしての利用

　前節で，SCMにおいて，BSCは重要な達成指標を示し，意図している戦略の実行を監視するものとして利用できることを述べた。このような事前に決めた重要な変数の達成状況の監視に重点を置く管理法を，R. L. サイモンズは診断的コントロールとよんでいる（Simons 1995, Chapter 4）。

　診断的コントロールは重要であるが，今日の経済環境の下では，事前に設定された目標の実施を監視するだけでは不十分であり，戦略的不確実性に絶えず注意を払い，市場の変化に応じて戦略を調整しながら，環境変化に適応していくことが必要になる。そして戦略的不確実性に対処するためには，管理者は部下の行動に積極的に介入し，インタラクションを活発に行い，探索活動を活性化することが必要になる。インタラクションの過程，適応の過程において，組織内で学習が行われ，現在の戦略では対応できないことが判明すれば，新しい戦略が創発してくることもある。このようなインタラクションを通じた管理法を，サイモンズはインタラクティブ・コントロールとよんでいる（Simons 1995, Chapter 5）。

　サイモンズはこのほかにも，コントロール・レバーとして，新たな機会探索を鼓舞し方向づけるために用いられる信条のシステム，機会探索の行動に境界を設定するために活用される事業倫理境界のシステムを挙げている。ただコントロール・レバーとして，診断的コントロールとインタラクティブ・コントロールは，特に重要なものと思われる。これら2つのコントロールを対比したものが，（表2-2）である。この（表2-2）から，両者のコントロールが目指している内容の違いを，明確に知ることができると思われる。

第2章 企業間管理と管理会計

(表2-2) コントロール・システムの対比：診断型 VS インタラクティブ型

		事業戦略のベクトル	
		診断型	インタラクティブ型
1	戦略のベクトル	到達目標	ビジョン
2	焦点	重大なパフォーマンス変数 ↓ (診断型のコントロール・システム)	戦略面での不確実性 ↓ (インタラクティブ型のコントロール・システム)
3	存在目的	目標を達成するために動機づけと方向づけを提供すること	対話と組織学習を鼓舞すること
4	目標	不測事象がいっさい発生しないこと	創造的な探索
5	分析面での理論づけ	演繹的（計器飛行）	帰納的（直感飛行）
6	システムの複雑性	複雑性	簡潔性
7	対象となる時相	過去と現在	現在と将来
8	到達目標	固定的	推定の不断の見直し
9	フィードバック	消極的なフィードバック	積極的なフィードバック
10	調節の対象	インプットあるいはアウトプット	ダブルループの学習
11	コミュニケーション	対話の必要性を除去すること	共通言語を提供すること
12	スタッフの役割	キーとなる門番	世話人

(出典) R. L. サイモンズ著，中村元一，黒田哲彦，浦島史恵訳（1998）『ハーバード流「21世紀経営」4つのコントロール・レバー』産能大学出版部，232頁。

　インタラクティブ・コントロールは，計画した戦略が計画通りに実施されているかどうかに関するフィードバックと同時に，計画した戦略が今でも成功に導く有効な戦略であるかどうかに関するフィードバックを含むダブルループ学習プロセスが，前提となっている。これは，診断的コントロールがシングルループ学習プロセスを前提としているのと対照的である。
　SCMのような企業間管理には，個別企業の管理とは違い，市場環境の不確実性に加え，各企業の環境への対応の仕方に伴う不確実性が加わるので，より多くの戦略的不確実要因が含まれることになると思われる。それ故，SCMの場合には，インタラクティブ・コントロールが妥当する状況はより多いように

思える。

　サイモンズのインタラクティブ・コントロール・システムの4つの特徴（中村，黒田，浦島 1998, 185-186頁）を，SCMの枠組みで言い換えると次のようになる。

① システムから生み出される情報は，SCメンバーが提起する重要な反復的な課題に対しての情報である。
② インタラクティブ・コントロール・システムは，SCメンバーが頻繁に規則的に注意力を投入することを必要とする。
③ システムから収集されるデータは，SCメンバー企業の対面型の情報交換の中でオープンにされた上で，議論の対象になる。
④ インタラクティブ・コントロール・システムは，その底流にあるデータ，仮定，行動計画書に対する継続的な挑戦課題およびディベートのための触媒である。

　これらの特徴から判断して，インタラクティブ・コントロールを実施するためには，管理者の指導力，議論をさせるための場づくりと並んで，戦略の実施状況を把握したり議論をさせるためのデータや情報が必要になる。BSCは，SCメンバーの内容ある議論を促進させるための手段を提供するのに役立つと思われる。

　キャプラン，ノートンは，「BSCの失敗例のなかには，それを診断型システムとしてだけに用いたために，学習やイノベーションといったインタラクティブ・システムからの便益を得られなかったことが原因である例もみられる」（Kaplan, Norton 2001）と述べ，BSCをインタラクティブ・コントロールを支援する手段として利用することの重要性を指摘している。サイモンズも，1995年の著書では，BSCを診断型コントロールの例として述べているが，サイモンズの2000年の著書では，それをインタラクティブ・コントロールにも用いられると述べ，考え方を修正している。

Ⅵ おわりに

　本章では，企業間管理，特にSCMを対象として，そのタイプ，管理上で注意を払うべき点，具体的管理法等について考察した。今後，ますますSC全体を考慮に入れた経営が，重要になると思われる。特に売上高を増大させるためには，効率追求型SCM，市場対応型SCMから，それに適切なDCMをも加味した統合DSCMの必要性を述べた。

　また本章では，企業間システム戦略の実施・評価に役立つ情報を提供するものとして管理会計を捉え，各種の財務指標による管理法について考察した。特にSCMに役立つ財務指標のうち，コストと成果を示す指標とスピード経営のための指標について，各種の側面から考察した。ただ財務指標による管理は重要であるが，戦略には各種の目的があり，しかも競争関係と協調関係を適切に管理するとなると，財務指標による管理のみでは限界があることも多いので，その場合には財務・非財務の両指標による管理が有用であると述べた。

　少し古くなるが，2002年に実施した日本管理会計学会「企業間システム」委員会（委員長：浜田和樹，副委員長：井岡大度，委員松岡俊三，鈴木浩三，塘　誠，星法子，園田智昭）の郵送によるアンケート調査（浜田 2006, 120–123頁）でも，SCMにおいては，やや非財務情報にウエイトを置いてはいるものの，財務・非財務情報がバランスよく用いられていることが分かった。またSCMにおいて財務指標として，在庫回転率，コスト総額，利益の情報に加え，キャッシュフローやそれに近いスループット情報が重視されているのが分かった。また非財務指標として，品質に加え，在庫量，納期達成率，納期サイクルタイム，等のスピードを表す情報が重視されているのが分かった。少し古い調査結果ではあるが，傾向を知る意味で有意義であると思える。アンケート調査の集計結果については，章末の（補論3）を参照してほしい。

　次に財務・非財務情報による管理として，BSCによる管理について考察した。診断型コントロールのためにBSCを利用するだけでなく，不確実性下で利用

する場合には，インタラクティブ・コントロールの手段として利用するのがよいということを指摘した。BSCは，財務指標，非財務指標による管理のための大きな枠組みを提供するような手法なので，SCMについての今までの研究成果を取り込めるという利点をもっている。例えば，SCMにTOC（Theory of Constraints：制約理論）が役立つことが指摘されているが，この理論による重要指標，制約を緩めたり解消するために必要な指標等も，スループットの指標と同時にBSCの中に含めることができる。このテーマについては，第6章で考察している。

また，BSCをSCのメンバーと共同で作り，その情報を共有し，期中・期末で達成結果について対話や議論を行うことを通じて，企業間の知識創造が可能となる。野中郁次郎教授は，知識には形式的・論理的言葉によって伝達できる知識である形式知と，他人に伝えたりすることが困難な特定状況に関する個人的な知識である暗黙知の2つがあり，その相互作用により知識が創造されるという理論を考案した。具体的には，共同化（暗黙知から暗黙知を生み出すプロセス），表出化（暗黙知を形式知に変換するプロセス），連結化（形式知から形式知を生み出すプロセス），内面化（形式知を暗黙知に体化するプロセス）の循環過程を経て，知識創造が行われるとした（野中 1995）。

BSCは，特に表出化と連結化に役立ち，その作成，実施結果についての議論等のインタラクションの過程で，共同化，内面化にも役立つと思われる。企業間管理でも，知的資産の充実，ナレッジ・マネジメントの重要性が認識されるにつれて，BSCがますます有用になると思われる。ナレッジ・マネジメントへのBSCの有用性については，章末の（補論4）を参照してほしい。

しかし，本章では，BSCの適用の仕方に焦点を当てており，実際に適用した場合に生ずる部門間，企業間の問題，特に，Win-Winの関係をいかにつくり上げるかについての問題は考察の対象外にした。この問題は，実施上，考慮すべき最も重要な問題であり，望ましい関係の構築ができるかどうかが，SCMが有効に機能するかどうかを決定するものである。この問題は，今後の大きな管理会計上のテーマの1つであると思える。

参考文献

Ackermann, I. (2003), "Using the Balanced Scorecard for Supply Chain Management – Prerequisites, Integration Issues, and Performance Measures", Seuring, S., M. Mülle, M. Goldbach and U. Schneidewind eds., *Strategy and Organization in Supply Chains*. Physica – Verlag.

Brewer, P. C. and T. W. Speh (2000), "Using the Balanced Scorecard to Measure Supply Chain Performance", *Journal of Business Logistics* 21 (1).

Carr, L. P. and C. D. Ittner (1992), "Measuring the Cost of Ownership", *Journal of Cost Management*, Fall.

Ellram, L. M. (1995), "Activity-based Costing and Total Cost of Ownership： A Critical Linkage", *Journal of Cost Management*, Winter.

Kaplan R. S. and D. P. Norton (1996), *Balanced Scorecard*, Harvard Business School Press（吉川武男訳 (1997)『バランススコアカード：新しい指標による企業変革』生産性出版）.

Kaplan R. S. and D. P. Norton (2001), *The Strategy-focused Organization*. Harvard Business School Press（櫻井通晴監訳 (2001)『キャプランとノートンの戦略バランスト・スコアカード』東洋経済新報社）.

Lalonde, B. J. and T. L. Pohlen (1996), "Issues in Supply Chain Costing", *The International of Logistics Management* 7 (1).

Simons, R. L. (1995), *Levers of Control*, Harvard Business School Press（中村元一, 黒田哲彦, 浦島史恵訳 (1998)『ハーバード流「21世紀経営」4つのコントロール・レバー』産業能率大学出版部）.

Simons, R. L. (2000), *Performance Measurement & Control Systems for Implementing Strategy*, Prentice Hall.

Zimmermann, K. (2002), "Using the Balanced Scorecard for Interorganizational Performance Management of Supply Chains：A Case Study", Seuring, S and M. Goldbach, *Cost Management in Supply Chains*, Physia-Verlag.

秋川卓也 (2004)『サプライチェーン・マネジメントに関する実証研究―企業間調整行動の視点から』プレアデス出版.

浅田孝幸 (2005)『企業間の戦略管理会計』同文舘出版.

阿保栄司, 矢澤秀雄 (2000)『サプライチェーン・コストダウン』中央経済社.

アンダーセン・コンサルティング, J. ガトーナ編著, 前田健蔵, 田村誠一訳 (2000)『サプライチェーン戦略』東洋経済新報社.

クーパー, R., R. スラッグマルダー著, 清水孝, 長谷川恵一訳 (2000)『企業連携のコスト戦略』ダイヤモンド社.

郡司浩太郎, 長沢育範, 正岡幸伸 (1999)「SCM改革のための業績評価システム」『知的資産創造』11月.

國領二郎 (1995)『オープン・ネットワーク経営』日本経済新聞出版社.

國領二郎 (2001)『オープン・アーキテクチャ戦略：ネットワーク時代の協働モデル』

ダイヤモンド社．
櫻井通晴（2003）『バランスト・スコアカード』同文舘出版．
ドラッカー，P. F. 著，上田惇生訳（1999）『明日を支配するもの：21世紀のマネジメント革命』ダイヤモンド社．
西村裕二（1999）「需要創造型サプライチェーンのマネジメント」，ダイヤモンド・ハーバード・ビジネス編集部『サプライチェーン理論と戦略』ダイヤモンド社．
野中郁次郎（1995）『知識創造経営：日本企業のエピステモロジー』日本経済新聞出版社．
浜田和樹（2003）「企業間管理の重要性と管理会計」，門田安弘編著『組織構造と管理会計』税務経理協会．
浜田和樹（2005）「企業間管理への管理会計の役割：SCM，ECMの財務・非財務指標による管理」，門田安弘編著『企業価値向上の組織設計と管理会計』税務経理協会．
浜田和樹（2006）「企業間システムの戦略と管理会計」，門田安弘，浜田和樹『企業価値重視のグループ経営』税務経理協会．
分散と統合の戦略管理システム研究部会（2001）『分散と統合の戦略マネジメント』日本管理会計学会研究論文集．
ハンドフィールド，R.B.，R. B. ニコルス著，新日本製鐵（株）EI事業部訳（1999）『サプライチェーンマネジメント概論』プレンティスホール出版．
ポーター，M. E. 著，土岐　坤，中辻萬治，小野寺武夫訳（1989）『競争優位の戦略：いかに好業績を持続させるか』ダイヤモンド社．
マイヤー，W. W. 著，（株）ビジネスブレイン太田昭和訳（2004）『活動基準利益分析ABPA』シュプリンガー・フェアラーク．

補論1　伝統的原価計算方法とABC・ABM

　伝統的原価計算では，まず原価の発生額を製品との関係で分類し，製造直接費と製造間接費に分ける。製造直接費は製品に原価を直接跡づけることができるので，直接に賦課（直課）する。製造直接費は正確な原価を計算する目的では，あえて部門別計算をする必要はない。
　製造間接費は，部門別計算を行わない場合には，その総額を任意の基準を決めて製品に原価を配賦する。その時の配賦基準として，直接作業時間，機械運転時間，直接材料費，生産量等が選ばれる。これらは操業度関連基準とよばれ，生産量に比例する。部門別計算を行う場合には，配賦は3段階で行われる。第1段階は，製造間接費を製造部門と補助部門に賦課ないし配賦によって集計する。第2段階は，補助部門に集計された製造間接費を適切な配賦基準によって

製造部門に配賦する。第3段階は，製造部門に集計された製造間接費を，直接作業時間，機械運転時間，直接材料費等の操業度関連基準で製品に配賦する。

　部門別計算をする場合には少し手続きが複雑になるが，伝統的原価計算では部門別計算を実施するかどうかに関係なく，どちらの場合にも製造間接費の製品への配賦には操業度関連基準が使われている。しかし正確な原価の計算のためには，製品への配賦に操業度関連基準のみを用いるだけでは，次のような問題が生じる。簡単化のために，部門別計算を行っていない場合で説明する。

　単位当たりあまり製造間接費のかからない大量生産品と，単位当たり製造間接費の多くかかる少量生産品の2種類の製品を生産しているとする。一般に，大量生産品は単位当たり製造間接費が低く，少量生産品は単位当たり製造間接費が高い。操業度関連基準で原価の配賦が行われると，大量生産品に過大に製造間接費が配賦され，その製品の単位当たり原価は本来より高くなるので，単位当たり利益は本来より低くなる。逆に，少量生産品に対しては過小に製造間接費が配賦されることになるので，その製品の単位当たり利益は本来より高くなる。

　それ故，この利益情報を信用した管理者は，少量生産品すなわち特殊製品の生産の方が有利であると誤解し，この製品を多く生産するよう命令する。そして，少量生産品の生産により，さらに多くの製造間接費が発生する。この製造間接費は操業度関連基準による配賦では，大量生産品にほとんど配賦されることになる。それにより，少量生産品は魅力的に見えるが，大量生産品の単位当たり利益はますます小さくなりより一層魅力的でなくなる。

　新たに製品を既存の製品ラインに加えるかどうかの決定をする場合にも，これと同様の問題が生じる。新しい製品を生産しようとすれば，段取，スケジューリング等の製造間接費，さらには慣れない製品の生産のため，修繕，検査等の製造間接費が初期の段階で多く発生するが，操業度関連基準での配賦だと，この製造間接費はほとんど既存の大量生産品に配賦されることになる。その結果，その新製品が持っている本来の利益獲得力を過大に評価することになる。この利益情報を信用した管理者は，その製品の導入を決定し，最悪の場合

には会社は，会計データの上では利益をもたらしているが，実際上は利益をもたらしていない製品を導入することになる。

このような間違いが生じたのは，コストドライバー（原価作用因）として操業度と比例して変化するもののみを選んだからである。以前では，企業は違いのあまりない製品を生産し，製造間接費は生産量とほぼ一定に発生しその額も小さく，支援部門のサービスもあまりなかったので，1つのコストドライバーのみを考慮すれば十分であった。しかし，原価に影響する生産量と関係を持たない各種の要因が増え，その額も大きくなってくると，多様な要因を考慮に入れた原価計算を行わないと正確な製品原価が算定されないことになる。

この問題点を解消するために考え出された方法が，ABC（活動基準原価計算）である。ABCは，活動（アクティビティ）に焦点を当て，製品に原価を正確に跡づけようとする計算法である。ここでいう活動は，材料購買，運搬，在庫管理，検査，段取，加工，切断，組立，工程管理，品質管理，修繕，保管等である。ABCは，これらの活動を基本的な原価集計の単位とし，活動に集められた原価を原価計算対象（製品）がどれだけ消費したかによって，製品に割り当てる計算法である。

そのためには，各製造間接費を活動に割り当てるための資源ドライバー（資源作用因）と，活動に集められた活動原価を製品に割り当てるための活動ドライバー（活動作用因）を識別しなければならない。資源ドライバーも活動ドライバーも総称して，コストドライバーといわれる。コストドライバーには，操業度に関連したものとそうでないもの等，多様な種類がある。

資源ドライバーは，最も資源原価の発生額と活動量との相関関係の大きいものを選ぶ必要がある。資源原価を活動に割り当てる際には，例えば，間接工賃金であれば間接工の労働時間，補助材料であれば補助材料の使用量，通信費であれば通信時間，賃借料であれば占有面積，福利費であれば従業員数，等が用いられる。

活動ドライバーは，操業度に関連したドライバーと操業度に無関係のドライバーがある。前者の場合の活動と活動ドライバーの関係の例は，

製品検査工の作業	………	直接作業時間
機械運転	………	機械運転時間
エネルギーの消費	………	機械運転時間

後者の場合の活動と活動ドライバーの関係の例は，

材料購買	………	購買回数
段取	………	段取回数
運搬	………	運搬回数
製品設計	………	設計図作成枚数
製造スケジューリング	………	スケジューリング回数
工程管理	………	工程数

　ただ，特定製品に関係づけるコストドライバーを見つけられない場合もある。どうしても見つけられない場合は，任意の適切な基準によって活動原価を製品に配賦することになる。

　ABCで計算された原価情報を利用して製品とサービスの価値を高め，利益を改善するためにプロセスの改善に焦点を当てる管理法が，活動基準管理（Activity-Based Management：ABM）である。この管理法は，ABCを用いて正確な情報が計算されそれに基づいて決定がなされたとしても，企業内部のビジネスプロセスを変えない限り，継続して利益を生み出すことはできないという理由から考えだされた。そのため，ビジネスプロセスごとに原価を洗い出してプロセスを分析できるツールが必要となり，その結果考案された管理法がABMである。

　ABMは企業活動を顧客への価値の提供を通して利益を獲得する一連の活動としてとらえ，活動と原価の関係の理解を通して業務の改善を達成することを意図している。その際，活動を中心に原価状態を把握し，活動分析，コストドライバー分析，業績分析を通して，ムダな活動の排除，原価の削減，顧客価値の向上による利益の獲得が，中心的内容である。

　ABMは対象とするものの違いで，業務的ABMと戦略的ABMに分けることができる。業務的ABMは，日々の継続的改善活動により，効率を高めて活動原価を下げることを目的としている。すなわち活動が費やす資源をできる限り

抑え，活動目的を達成することを主な目的としている。価値をもたらさないムダな活動の排除や活動の再編成を通して原価を下げる方策の探索が，中心課題となる。例えば，重複している業務，活用していない業務，必要のない業務，不適切な業務等の見直しによる原価削減がこれに当たる。

これに対して戦略的ABMは，活動効率を高めるための大規模な改革や，活動効率を高めるよりも収益性を高めるために戦略的に活動を再編したりすることを目的としている。製品の日々の改善活動以外の生産販売施策，製品設計，顧客やサプライヤーに対する抜本的施策の探索が，中心課題となる。これらの業務的ABMと戦略的ABMは相互補完的関係にあり，企業は両者をうまく使い分ける必要がある。

ABCとABMの関係を要約すると次のようになる。ABCはコスト割り当ての視点に立ち，ABMはプロセスの視点に立っている。すなわちABCは計算の視点であり，活動を介した管理の視点がABMである。ただ，ABC情報はABMに利用され，ABMを実施した結果はABCの計算結果に影響し，それがまたABMに影響するというような相互関係を有している。

またABCの考え方を利用した予算として，活動基準予算（Activity-Based Budgeting：ABB）がある。ABCは，投入資源の原価とそのアウトプットの関係を，活動を媒介として明確にするので，予算編成において質の高い情報を提供できる。それにより，論理的な予算編成を可能にする。

補論2　営業サイクルとキャッシュ・コンバージョン・サイクル（CCC）

営業サイクルは，棚卸資産購入から製造・販売活動し，製品の代金を回収するまでの期間であり，CCCは，買入債務（買掛金，支払手形）の支払から売上債権（売掛金，受取手形）の回収までの期間のことである。両者の関係は，（図2-1）に示している。

（図2−1） 営業サイクルとキャッシュ・コンバージョン・サイクルの関係

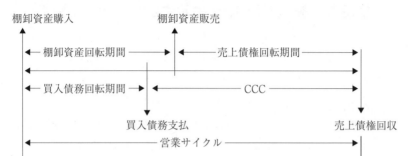

　資金効率を高めるためには，CCCを短くするのがよい。企業にとって，棚卸資産購入から買入債務支払までの間は，資金の支払猶予を受けているのに対し，棚卸資産販売から売上債権回収までの間は，資金は運用されないままになっていることを意味している。この未回収資金に対しては。機会原価が発生していることになる。

　CCCを短縮するためには，
　① 売上債権回転期間を短くする
　② 買入債務回転期間を長くする
　③ 棚卸資産回転期間を短くする
等の方策が考えられる。

　近年，企業のグローバル化が進展し，SCが長くなりCCCが長くなっている。これまでは，SCMでは，在庫削減ばかりが注目されてきたが，これからは資金効率，つまり運転資金の効率を高めることも重要になっている。株式会社日立製作所は，2015年に「Hitachi Smart Transformation Project」を策定し，グローバルで勝てる構造への変革のためには，コスト構造改革，事業基盤整備と同時に，CCC改革が必要であるとして，それらを戦略目標にしている。

補論3　製造業のSCMに対するアンケート結果

　本論で述べたような東証1部上場企業の製造業に対する郵送によるアンケート調査を行った。調査票は社長室宛に送り，そこから適当な部署に回していただくようお願いした。有効回答企業は86社であった。

　ただ本調査のSCMに関する箇所は，最終消費者に至るまでの管理状況を調べたかったので，SCMの定義を「資材の購入から，生産・販売・物流をへて，最終消費者に届けられるまでの業務の流れを1つの大きなチェーンとしてとらえ，この全体を最適とするよう管理すること」と最初に明示して回答をお願いした。そのため，実施していない，またそこまで明確に実施していない等のSCMの項目について回答をしていない企業も多く，その項目の有効回答数は46であった。有効回答数が少ないので詳細な分析は不可能であるが，SCMの傾向を知るには有効と思われるので，その結果を示すことにする。

(1)　SCMの第1の目的

　① 有利な資材の購入　　　　9　　② 納期短縮　　　　　　　　　　5
　③ 在庫削減　　　　　　　　15　　④ 品切れ損失の削減　　　　　　1
　⑤ 顧客ニーズへの迅速な対応　11　⑥ その他（社内情報速度）　　　1

(2)　SCの他社（子会社を含む）依存の状況：（各機能分野全体に対して20%以上）
　　（複数回答可）

　① 全て自社で行う　　　　　12　　② 資材購入を他社依存　　　　　8
　③ 生産を他社依存　　　　　22　　④ 販売を他社依存　　　　　　19
　⑤ 物流を他社依存　　　　　25　　⑥ 事務処理等の他社依存　　　　3

　　SCの他社（子会社を含む）依存の状況：（各機能分野全体に対して50%以上）
　　（複数回答可）

　① 全て自社で行う　　　　　12　　② 資材購入を他社依存　　　　　6
　③ 生産を他社依存　　　　　10　　④ 販売を他社依存　　　　　　11
　⑤ 物流を他社依存　　　　　23　　⑥ 事務処理等の他社依存　　　　0

第2章　企業間管理と管理会計

(3) SCMにおいて最も注意している点

① チェーン内の問題箇所の発見	13	② メンバー間での情報の共有	23
③ メンバーの公平な業績評価	0	④ 顧客情報の素早い取り込み	7
⑤ その他（SCMモデルの変更）	1		

(4) SCMにおける財務・非財務情報の利用の割合

① 全て財務情報	1	② 財務情報が主で，非財務情報が補足的	12
③ 財務情報と非財務情報が同じ割合	11	④ 非財務情報が主で，財務情報が補足的	18
⑤ 全て非財務情報	3		

(5) SCMにおいて最も重視している財務情報

① 売上高	3	② 利益額	5
③ 費用総額	4	④ 物流費	0
⑤ スループット(売上高－直接材料費)	1	⑥ キャッシュフロー額	3
⑦ 資本利益率	0	⑧ 売上高利益率	0
⑨ 在庫回転率	10	⑩ 資本回転率	0

　SCMにおいて重視している財務情報（複数回答可）

① 売上高	21	② 利益額	19
③ 費用総額	21	④ 物流費	21
⑤ スループット(売上高－直接材料費)	8	⑥ キャッシュフロー額	12
⑦ 資本利益率	5	⑧ 売上高利益率	11
⑨ 在庫回転率	25	⑩ 資本回転率	4

(6) SCMにおいて最も重視している非財務情報

① 納期達成率	6	② 品質に対するクレーム件数	5
③ サイクルタイム	6	④ 品切れ率	0
⑤ 受注残	1	⑥ 返品率	1
⑦ 在庫量	11	⑧ その他（受注高）	1

SCMにおいて重視している非財務情報（複数回答可）
① 納期達成率　　　23　　② 品質に対するクレーム件数　21
③ サイクルタイム　20　　④ 品切れ率　　　　　　　　　9
⑤ 受注残　　　　　12　　⑥ 返品率　　　　　　　　　　8
⑦ 在庫量　　　　　24　　⑧ その他（受注高）　　　　　2

補論4　ナレッジ・マネジメントへのBSCの有用性

　ナレッジ・マネジメントは，組織の価値創造力を高め，その実行可能性を促進するために，知識（ナレッジ）を増大し向上させることを目指した管理である。
　知識は，形式知と暗黙知に分けることができる。形式知は形式的・論理的な手段によって伝達できる知識であり，文書やコンピュータ・プログラム等の形式で表現されている。これに対して，暗黙知は形式化したり，他人に伝えたりすることが困難な特定状況に関する個人的な知識であり，主観による洞察，直感等がこの知識に含まれる。組織内でこの形式知と暗黙知を相互に作用させ，知識変換させながら，高いものへと移行させる知識創造が重要になる。このプロセスを促進させる仕組みの構築と発展を対象としたものが，ナレッジ・マネジメントである。
　野中郁次郎教授によれば，知識創造は一般に，共同化，表出化，連結化，内面化のプロセスを経て達成される。共同化とは暗黙知から暗黙知を生み出すプロセスであり，経験の共有を通じて技能などの新しい暗黙知を獲得していくプロセスである。表出化とは暗黙知を形式知へ変換するプロセスであり，暗黙知を明確なコンセプトに表すプロセスである。このプロセスは個人知から組織知に変換するプロセスでもある。そして，この表出化プロセスが組織的知識創造の鍵を握っている。連結化は形式知から形式知を生み出すプロセスであり，コンセプトを組み合わせて，1つの知識体系を創り出したり，異なった形式知を組み合わせて新たな形式知を創り出すプロセスである。内面化は形式知を暗黙知へ体化するプロセスであり，知識を真の個人のノウハウにするために，形式

知を個人の暗黙知にスキル化するプロセスである。

　BSCを用いることによりこれらの知識創造のプロセスが促進できると思われる。BSCによる管理は，以上の4つのプロセスのすべてに直接あるいは間接に影響を与えるが，特に表出化と連結化のプロセスに有用であると思われる。

① BSCの表出化プロセスへの役立ち

　　個人に帰属している知識や知恵は共有化しにくいが，BSCを用いると，トップと従業員の知識や知恵を体系化した形式知に変換できる。これにより，知識の共有と知識の蓄積が可能になる。しかも財務指標と非財務指標の関連性や，結果指標とプロセス指標の因果関係がよくわかるようになるので，従業員は何を達成しようとしているのか，これまで以上に理解できるようになる。このことは，従業員を目標に向けて動機づけるのに役立つ。

② BSCの連結化プロセスへの役立ち

　　形式知と形式知の比較により，BSCを改訂し，組織知をより高度なものへ高めることができる。また，個別の事業部レベルのBSCを組み合わすことにより，企業全体のBSCや企業グループのBSCを作成できるようになる。

③ BSCの内面化・共同化プロセスへの役立ち

　　BSCにより知識を共有し，議論することによって，相乗効果が生まれ，新しい知識が生まれる。またBSCにより経営感覚が刺激され，自律性が向上する。そして，自律的な行動や問題解決策を探ることにより，新しい暗黙知が生まれる。さらにお互いの交渉を通じて，より高度な暗黙知が共有されることになる。

　以上のように，BSCは戦略実行プロセスにそれを用いることにより，知識創造を促進し，またそれによって生まれた知識を利用することにより，戦略の創発，戦略の実行をより助けるのに役立つ。

第3章　連結企業グループ内における企業間SCMの重要性と管理会計

I　はじめに

　競争優位を獲得するためには，個別企業の管理も重要であるが，企業グループの管理も重要である。日本の企業グループを企業間の関係から分類すれば，垂直グループと水平グループに分けることができる。垂直グループは，調達，生産，販売，物流等の一連の事業プロセスを実施するために密接に結びついているようなグループであり，各種業務は親会社の複数の内部組織や外部企業によって担われている。水平グループは，事業上，基本的にはお互いに直接に関係のない親会社の複数の内部組織や外部企業で構成されるが，一体として経営されるグループである。ただ，水平グループ内の直接関係のない中核企業を細かく見ると，その企業を中心とした垂直的な関係がみられる。それ故，企業グループは垂直グループを基本とし，水平グループは垂直グループの集合体であると考えることもできる。企業集団は複数の水平グループから構成されたものである。

　日本の企業グループは，生産だけに特化した生産子会社，販売だけに特化した販売子会社等の非自立的企業が多い。これらの企業は，業務をする上でグループ企業に依存しており，個々の企業はSCの一翼を担っている。それ故，親会社の管理者は，業務上，関係あるグループ企業を1つのチェーンとして，親会社の内部組織と外部企業を通して管理する必要があると思われる。すなわち，製品ごとにこれらのチェーンを管理する必要があると思われる。管理のためには各種の情報が必要であるが，特に製品ごとの利益情報が重要である。そのためには，製品ごとに正確な原価情報を得ることが極めて重要であり，原価

計算システムの整備が必要であると思われる。

近年，日本企業では，アウトソーシングによる組織再編が盛んになっており，SCはグループ企業のみから構成されるのではなく，虫食いだらけになっていることも多い。そのためSCMはグループ企業だけでは困難であり，グループ外企業との協力や情報の共有の必要性が増大している。しかし，グループ外企業だと情報の収集や共有は困難な面も多いと思われるが，グループ企業だとそれよりは実行しやすいと思われる。特に，連結グループ企業だと決算書作成の必要性から，常時，会計情報の交換もあり，実行しやすいと思われる。それ故，実行可能性の観点から，本章は連結グループ企業内でのSCMの重要性を指摘し，有効な管理のためにはどのような管理会計情報が必要であるかについての考察を中心とする。特に管理会計情報として製品の利益情報と原価情報に焦点を当てて考察する。ただ，完全なSCMの実行のためには連結グループ外企業の情報も必要であるので，その点についても考察したい。

II　日本におけるグループ企業の特徴

日本におけるグループ企業は，親会社が企業を買収によって子会社にする場合もあったが，親会社の経営の多角化や，垂直方向への事業展開によって大規模化した資源の一部を分離して子会社にすることにより設立されることが多かった。子会社の数は，1990年代後半以降，グループ再編のための整理統合により少し減少したが，多数である。なかには親会社と同時に，子会社も上場する親子上場も見られる。

分社化された事業単位は，開発，製造，販売等の機能の全てをもつ自立的な事業単位と，製造のみ，販売のみなどのように一機能だけしかもたない非自立的な事業単位の場合もある（下谷 2006, 第6章）。前者は，本来の意味でのプロフィットセンターである事業部の分社化である。この場合，一般に分社化された子会社は規模が大きく，株式を上場しているものもある。後者の場合は，1つの工場や営業所が分社化の対象であり，分社化された子会社は，生産子会社

第3章　連結企業グループ内における企業間SCMの重要性と管理会計

や販売子会社になる。生産子会社は，製品を親会社やグループ企業に納入することが目的であり，販売子会社は，グループ企業の製品のみを販売することを目的としている。生産子会社，販売子会社の名前に，地域，場所の名前をつけただけのものも多い。本社のサービス関連部門である財務，情報処理，人事部門等が分社化されることもある。これらの子会社は非自立的な不完全子会社であることが多く，一般的に規模が小さい。

　今まで分社の研究といえば，前者の完全子会社タイプのものが主として研究対象とされてきたが，日本では後者の不完全子会社タイプが圧倒的に多く，それが日本の子会社の特徴であり，子会社数の多さの原因にもなっている。このタイプの場合には，子会社は，親会社の管理のもとで，体系的な分業関係を構成している。そこでは，子会社は親会社あるいはグループ会社の業務上の一員を担うという役割が期待されている。

　不完全子会社に分社化する理由は，責任の所在の明確化と意思決定の迅速化を目指した分権化の徹底であることは明らかである。ただ不完全子会社は親会社の統制下にあり実質的な権限はあまりないので，分権化の程度は低い。下谷正弘教授は，このような日本の企業グループが持つ特殊性を，「分社という形で分権化しながらも他方ではグループの枠内に集権化するという，集権と分権の微妙なバランスを追い求めてきたという特殊性」（下谷 2006, 273頁）と表現している。

　日本企業のグループ管理を考える場合には，このような関係を考える必要があり，生産子会社，販売子会社等を個々に管理することよりも親会社や子会社の間での製品の流れを明確に捉えて管理する必要があると思われる。すなわち親会社と子会社の間や，子会社間は連続した業務の関係でつながっているので，グループ内でのSCMが必要ということである。

Ⅲ　セグメント情報の有用性と連結グループSCMへの利用

　連結グループの状況を詳細に知るためにはセグメント情報が有用であり，SCMには製品，生産拠点，販売市場の情報が特に有用である。そのため連結グループSCMのためには，上記の3点が分かるセグメント情報をいかに求め，それをいかに利用すべきかについて考察すればよいと思われる。

　有用なセグメント情報の統括軸として製品軸と地域軸（生産拠点軸，市場軸）が考えられる。統括軸を製品軸に選んだ場合には，SCMのためには製品ごとの生産拠点と販売市場の情報が特に重要であるので，それが分かるようにすればよいし，統括軸として販売市場を選んだ場合には，販売市場ごとの生産拠点と製品の情報が分かるようにすればよい。同様に，統括軸として生産拠点を選んだ場合には，生産拠点ごとの製品と販売市場の関係が分かるようにすればよい。

　一般に，製品種類が多い家電業界，事務機業界等に属する企業は，統括軸として製品軸を考えるのがよい（藤野 2007, 10-13頁）。これらの業界では，従来，海外子会社は国際事業部の責任下に置かれ，海外子会社の責任は親会社の責任外であった。しかも製品戦略も海外生産比率が低かったので，国内での生産戦略を中心に考えればよかった。しかし，近年のように輸出比率が減少し海外生産比率が上昇してくると，国内市場，海外市場を1つのものとしてとらえて管理することが必要になってくる。従来のようなプロフィットセンターとしての海外事業部は解体され，製品別事業部に移管されるようになっている企業もある。海外事業部が残されたとしても，海外投資，技術提携，海外子会社の経営支援等を担当する部門として，すなわちコストセンターとして存続させている場合が多い（藤野 2007, 第1章）。

　このようなグローバル化が進んでいる生産，販売活動を最適に管理するためには，国内か海外かに関係なく製品軸で管理し，市場や消費者の動向を素早く

第3章　連結企業グループ内における企業間SCMの重要性と管理会計

把握することが必要である。そのためには，(図3－1)のような製品ごとの連結業績評価システムが必要であると思われる。(図3－1)は，本社には全社サポート部門，本社生産部門，本社販売部門，事業統括部門があり，製品ごとの収益性は事業統括部門が管理していると前提した図である。特にSCの収益構造を明らかにするには，例えば製品軸を中心として，(図3－2)のような図により，市場軸，生産拠点軸を加えて収益構造を把握することが必要である。ただ(図3－2)を描く場合には，現実には生産子会社は，子会社の子会社のように重層構造になっていることが多いので，適切な数の生産子会社を選び，その生産子会社に，関連ある子会社を部分連結する必要がある。企業のグループ活動は，序論でも述べたように，SC単位で実施されることが多いので，その実態を把握するということは経営において重要である。

(図3－1)　製品別業績評価システムの概略図

		本　社			
		事業統括部門1		事業統括部門2	ーーーーー
		製品1	製品2	ーーー	ーーーーー
本社	全社サポート部門	××	××	ーーー	ーーーーー
	本社生産部門	××	××		
	本社販売部門	××			
生産子会社A		××		ーーー	ーーーーー
生産子会社B			××	ーーー	ーーーーー
．		．	．	．	．
．		．	．	．	．
販売子会社A			××	ーーー	ーーーーー
販売子会社B		××	××	ーーー	ーーーーー
．		．	．	．	．
．		．	．	．	．
合　計		××	××	ーーー	ーーーーー

(××は，金額を表す。)

(図3-2) 生産子会社，販売子会社ごとの各製品に対する評価マトリックス（製品ごとに算定される）

		販売子会社：市場軸				合計
		A	B	C	------	
生産子会社：生産拠点軸	甲	××	××	××	------	××
	乙	××	××	××	------	××
	丙	××	××	××	------	××
	・	・	・	・	・	・
	・	・	・	・	・	・
	・	・	・	・	・	・
合計		××	××	××	------	

（××は，金額を表す。）

　これに対して，自動車企業は製品種類が比較的少ないので，統括軸として市場軸が有効であると思われる（藤野 2007，第8章）。ただ，統括軸として市場軸がとられたとしても，製品ごとのSCのきめ細かい管理のためには，製品別管理や生産拠点ごとの管理が必要になる。

　いずれの場合にも，日本の子会社は非自立的子会社が多いので，製品ごとの収益性を見るためには，製品ごとの生産，販売の全体を通して見ることが必要であり，市場ごとのSCの管理が必要になる。SC全体を通して見なければ部分最適になる可能性があり，それを防ぐためには，グローバルなSCMが必要である。

　トヨタ自動車株式会社の鈴木 武氏の言葉を要約して示せば，「トヨタの親会社と子会社では，ほとんどの会社が商流でつながっている。つながった両者間で双方が個別の利益最大化を目指すと，価格をめぐって対立が生じる。それを解消するには事業をスルーでみるとか，親会社，子会社一体で全体最適を見ることが必要である」（鈴木 2003，238-239頁）と述べている。また同氏は，「子会社の業績評価は厳密に行っていない。商流でつながっているので，子会社の仕

第3章　連結企業グループ内における企業間SCMの重要性と管理会計

入価格や販売価格を親会社が決めておいて，それ以上稼げといっても無理だからである。原価管理をきちんとやってくれればよいという場合もある。」（鈴木 2003, 243頁）と述べ，SCの全体最適を目指す管理の必要性を指摘している。

　SCMを意識した連結収益管理システムの例として，マツダ株式会社の例がある。同社は，2000年以降，業績回復基調にあったとはいえ，同業他社と比べると連結営業利益等の収益性指標が低かったので，その克服のためには，収益管理を厳密に行い，PDCA（Plan-Do-Check-Action）サイクルを迅速に回すことが必要不可欠であった。そこで2004年3月に，経営管理プロセス，特にグローバルな連結収益管理プロセスを改革しようとするプロジェクトであるMPI（Management Process Innovation）プロジェクトを発足させた（森本・小池 2008, 第6章）。

　連結収益管理プロセスの不備により生ずる問題とは，「①全社共通の連結での製品別収益実績がない。②製品別台数計画，収益計画と実績との比較分析・評価が十分でない。③子会社の製品別データの精度が低い。④タイムリーなデータ提供をサポートするシステムがない。⑤商品企画・開発段階では開発プログラムの管理が行われているが，量産以降のフォローアップが不十分である。⑥業績向上のための各部門における重要指標が明確に定義されていない。」（森本・小池 2008, 155頁）ということであった。

　また，重大な問題点として，財務数値の管理と現場での実行管理が連携していないという「縦の分断」や，生産・販売等が十分に連携を保てていないという「横の分断」があることも分かった（「縦」と「横」の用語をマツダではこのように用いているが，本書の使用法とは異なっていることに注意してほしい）。そのため，連結収益管理システムの効果的運用を目指して，縦の分断を解消するためにBSCによる管理が実施され，横の分断を解消するために3軸管理が実施されることになった（森本・小池 2008, 171-178頁）。3軸とは製品軸，市場軸，生産拠点（エンティティ）軸であり，3軸管理とはそれらの軸から戦略策定，計画立案，予実管理をすることである。ここでいう横の連携には，特に製品軸の管理が重要であり，3軸の異なった視点からの検討により，健全なコンフリク

トが生じ，このコンフリクトからよりよい発想が生まれたり，この解消を目指すことでよりよい経営ができると考えている。

　製品ごとにSCの流れを辿り，製品ごとの損益を計算するためには，製品ごとの原価の情報が必要になる。しかし，通常の連結処理では，関係会社間で振替価格による取引が行われる場合，連結グループ各社の損益を合算し内部利益を消去するので，多品種製品を扱っているグループの場合には，製品ごとの原価情報はわからない。1種類の製品のみを扱っているとしても，合算した損益から個々のコスト項目の修正を行わないで，全体の額から内部利益を消去するという手続きをとる。この方法では製品1個当たりの原価はわかるが，1個当たりのコスト項目を修正しないのでコスト構造が不明であるという問題がある。そのため製品1個当たりの材料費や加工費がいくらかかったかがわからなくなってしまうという問題が生じる。これは重要な問題であり，この点については次節で述べることにする。

　セグメント情報については，財務会計の分野でも，新しいセグメント会計基準が2010年4月から適用され，経営管理で利用している区分をセグメントとして開示するというマネジメントアプローチが採用されている。これによりセグメント報告書を作成しやすい環境が，より整備されることになったが，管理のためにはもちろんのことであるが，より詳細なセグメント情報が必要である。

Ⅳ　連結グループでの部品表による原価計算の必要性

4.1　連結グループ原価計算の2つのタイプ

　製品ごとの損益計算にはセグメント情報が必要であるが，そのためには製品ごとにコスト構造を把握しておくことが必要である。しかも，原価情報は製造原価報告書（明細書）で得られるが，公表すべき連結財務諸表には含まれていない。そのため製品ごとの連結原価を計算するとなると，情報システムの整備等抜本的に解決すべき問題があることも事実である。

　製品ごとにコスト構造が分かるように連結原価を計算するための方法として，

第3章　連結企業グループ内における企業間SCMの重要性と管理会計

2つの方法があり，川野克典教授等が各所で紹介しているので，ここでは要約して述べるに留める（川野・横田 2003；川野・藤原・平賀 2008，130-136頁）。1つの方法は，前述した関係会社の製品別製造原価報告書を単純合算した後，内部取引額や内部利益額を合算額から控除して連結製造原価報告書を作成する方法である。ただ関係会社間の取引を製品ごとに正確に把握しておく必要がある。それができていなければ，製品ごとの内部利益の控除を行うことができないので，製品ごとの利益計算ができない。しかも製品ごとの内部利益が分かったとしても，前述したように，製品ごとの製造原価全体から内部利益を控除すれば1個当たりの原価は総額として分かるが，費目ごとの詳細なデータがないと，1個当たり原価のコスト構造は分からないことになる。ただこの方法によれば，関係会社の既存の計算システムを利用でき，原価計算システムの統一は必要にない。グループ企業の情報インフラにあまり影響を与えないで実施できるので，実行しやすいという利点がある。

　もう1つの方法は，関係会社間の部品表をつなぎ，この部品表を使って原価を積み上げる方法である。この方法は，標準原価計算において標準単位原価を決め，（標準単位原価×生産数量）として標準原価を求める計算を，実際単位原価を用いて行う計算法である。すなわち，部品表を使い，製品単位当たりの生産に実際に要する材料消費価格と消費量，賃率と作業時間等を用いて原価を積み上げて，まず実際の単位原価を求め，（実際単位原価×生産数量）で実際製造原価を計算する方法である。この方法は実際単位原価計算と呼ばれている。ただ，実際原価の計算は，稼働率や在庫の大きさ等の要因によっても影響を受けるが，この方法はそれらを考慮していないので，財務会計では認められていない。

　この方法は，製品ごとに正確に連結ベースで原価を把握でき，また原価の流れを取引に合わせて積み上げるので，削減すべき個所や削減すべき費目がよく分かる。マツダ，トヨタ等の多くの会社でもこの方法が用いられている。シャープ株式会社の個別採算管理（佐治 2001）と呼ばれている管理でも，この方法が用いられている。この管理法は，どの製品やどのルートが儲かっている

かを知るために，また問題解決法を探るために，「製品別」より細かな「モデル別」に行う採算管理法である。

　ただこの方法を採用する場合には，グローバルで部品表を統一することが必要である（川野・横田 2003；川野・藤原・平賀 2008，130-136頁）。また，関係会社間での費目だけでなく，原価計算の仕方の統一が必要である。しかしながら，原価の詳細な分析のためには，2番目の方法が不可欠である。日本国内だけで生産販売している場合には，統一した原価計算システムを使用している企業も多いが，グローバル企業の場合は原価計算システムを統一することがまず重要である。

4.2　正確な原価算定への部品表の重要性

　実際単位原価計算には部品表が重要な役割を果たすので，それと原価計算の関係について考察することにする。部品表は製品を構成する部品の完全リストのことであり，もともとは設計のために用いられていたが，今では設計・製造部門だけでなく多くの部門で利用されている。部品表には部品構成以外に，購入先，原価，工程などの多くの情報が含まれている。部品表は，最終製品を1個製造するために必要なすべての部品を階層構造なしで表現するサマリー型と，最終製品を1個製造するために必要なすべての部品を親子関係等で表現するストラクチャー型（構造型）の2つに分けられる。前者は，設計部門，購買部門等で利用され，後者は，製造部門等で利用されるように，企業内で複数の部品表が利用されている。

　部品表による原価計算は代表的には，製番方式による原価計算と，MRP（Material Requirements Planning：資材所要量計画）方式による原価計算がある（門田 1991，第6章）。前者は，製品の生産に必要な部品や資材に対して，最終製品の製番（製造指図書番号）を付け，それをもとに計算する方法である。用いられる部品表は，部品構成の階層性を無視した原単位表である。この方法の短所は，最終製品に対して計画変更があった場合，製番を変えなくてはならないので管理が困難となる。後者は各レベルの部品が最終製品の製番から切り離さ

れ，多段階の部品表を使って各レベルの部品の所要量を計算し，部品構成をもとに段階を追って製品の製造原価を計算する方法である。

　このような部品表をトヨタでは管理上，極めて重要であると考え，統合化部品表を構築し，27カ国，地域約60拠点の開発・生産・調達活動を一元管理することを始めた（2003年6月10日，日本経済新聞朝刊）。従来は目的別に部品表が分かれており，各部門のシステムは部分最適の集合体であったが，グローバルな全体最適の実現のためには，部品表が統一されていない状態では，全体最適の業務プロセスは構築できないと考えたからである。これを行うには，車1台で約3万点に及ぶ部品について，メーカー名や品質，適用車種などの情報を約250桁の数値で示す「品番」を全世界で統一する必要があるようである。しかもトヨタの統合化部品表では，設計で使う情報だけを取り出したり，購買で必要な情報だけを取り出したり，製造で必要な情報だけを取り出したりすることが可能であり，利用しやすいような工夫がなされている。また，データを時系列で管理しているので，過去の必要な情報を取り出すことも可能である。

　このような部品表を整備すれば，原価計算の精度を高めることができる。このように統合化部品表は生産に必要なすべての情報を統合化した新しいデータインフラである。トヨタの情報システム群は，部品表データベースを利用しながら動いているとも言われるほどである。また部品表の変更は業務システムの変更にも大きな影響を与えるので，その正確な作成のために大きな注意が払われねばならない。

V　SCMへの連結グループ企業以外の情報の必要性

　前節のトヨタの統合化部品表については，連結グループ企業だけでなく系列の部品メーカーも含めた取り組みであるが，前節までは，特に連結グループ企業間SCMに焦点を当てて考察してきた。ただ，SCMは連結グループ企業だけでは完結しないので，連結グループ外の企業も含めた取り組みが必要である。

　今日のようにアウトソーシングが盛んに行われるようになると，各製品に対

する連結企業グループSCの中に，他のグループ外企業が入り込み，複雑なSCになってくる。そのため，製品ごとのSC全体の利益は，製品ごとの連結利益とは異なってくる。それ故，製品のSC全体での収益性を検討するためには，チェーン全体の利益をもとに行う必要がある。すなわち，チェーン全体の利益を求めようとすれば，チェーンに加わっている連結企業以外の企業の利益を加算する必要がある。また，連結子会社の株式を80％所有していたとすれば，その80％だけが連結利益を構成することになるので，チェーン全体の利益と連結利益が異なってくる（武藤2002，第Ⅱ章）。

製品が親会社，子会社間でどのように生産・販売され最終消費者に提供されているかについて，（図3-3）に示すようなSCマトリックスに落とし込んでみると，子会社が各種製品にいかに関わっているかがよく分かる（伊藤・須藤1999，46頁）。また，製品ごとに関与している連結グループ企業の利益を計算してみることにより，どの連結企業が全体利益の増大にいかに貢献しているかが分かる。それにより，連結グループ利益に貢献しない製品の排除や，連結グループ利益に大きな貢献をしている製品の拡張についての判断に役立つ。また，アウトソーシングすべき事業を知ることもできる。

（図3-3） 各製品のSCマトリックス

	企画・開発	調達・生産	販　　売	物　　流	その他サービス
製品1	親会社	生産子会社A 生産子会社B	販売子会社甲	連結外企業	
製品2	親会社	生産子会社B 連結外企業	販売子会社甲 販売子会社乙	子会社Y	子会社X
製品3	子会社W	生産子会社A 生産子会社B 連結外企業	販売子会社甲 連結外企業	子会社Z	子会社U
・ ・ ・ ・	・ ・ ・ ・	・ ・ ・ ・	・ ・ ・ ・	・ ・ ・ ・	・ ・ ・ ・

第3章 連結企業グループ内における企業間SCMの重要性と管理会計

　もし可能であれば，SCマトリックスの中に，連結グループ以外の企業を含めて描き，その企業の利益貢献分が算定できるとすれば，SC全体の利益に対する連結グループ全体の利益の割合，各連結企業の貢献分が分かる。また，プロフィットプールの分析と関係づけることにより，SCのどの分野を重視すればよいかが分かる。プロフィットプールとは，その産業のバリューチェーンの中のすべての事業分野で獲得した利益の総和のことであり，この分析により，どの分野が利益をもたらす可能性があるかが分かる。プロフィットプールの分析をもとに，SCマトリックスの全体を見ることにより，将来進出すべき事業分野，買収拡大すべき分野が分かる。利益潜在力をもたらす事業分野は急激に変わっているので，これらの分析を頻繁に実施することが必要である。

　製品（事業）軸を中心にSCMを考えるということは，製品を中心に親会社やグループ会社を横断して考えるということであり，これはマトリックス経営を実施することでもある。マトリックス経営の困難性はよく指摘されてはいるが，これを克服することは重要な課題である。また，マトリックスの要素であるそれぞれの部門や子会社が，マトリックスの中に自己埋没してしまい部分最適になる可能性があるので，そうならないためにも，部門や子会社間，あるいは連結子会社を超えたグループ間で情報を共有することが重要となる（泉谷 2001）。前述のトヨタでは，北米や欧州，アジアで車両や主要部品を設計・生産する場合も，世界約1,500社にのぼる主要取引先の部品情報をその場で閲覧できるようにしている。これにより，コスト，品質面で最適な部品調達が可能になり，SCMも高度化することを目指している。

VI　おわりに

　本章は，日本の企業グループに属している子会社には，親会社やグループ企業に依存している非自立的子会社が多いので，全体最適を目指した管理には，製品の売買の依存関係を考慮に入れたグループ管理が必要であると考え，論を展開している。

また，日本企業では海外生産比率が上昇しているので，多品種生産企業は国内子会社，海外子会社を区別することなく，製品軸で管理することが重要である。自動車等の比較的に少品種生産である企業の場合には，地域軸での管理が主軸であるが，地域内ではやはり製品軸で管理することが必要である。この点からも，グループ企業の管理において，製品軸での管理は重要であると思われる。

　製品軸での管理は，製品の流れについて管理しなければならないので，SCMの管理に関係がある。SCMの対象範囲は種々考えられるが，本章では連結グループを主として考察対象にした。というのは，連結グループでもグループ企業情報の獲得は難しいが，それでも他の場合と比べて比較的データが得やすいということ，グループ間の協力が得やすいということからである。またSCMを考えるとき，連結グループSCMは核となる部分だと考えたからである。そして本章では，SCMに有効な連結情報は製品セグメント情報，特に，生産拠点，販売市場と関係づけられた製品ごとの利益情報であると考え，それを可能にするようなセグメントの細分化について考察した。

　製品ごとの利益情報には，製品ごとの原価情報が必要であり，そのためには部品表を充実する必要がある。また原価管理を行うためには，製品原価を構成する費目の正確な情報が必要であり，部品表は不可欠である。企業活動がグローバル化している今日では，海外をも含めたグループ全体で，費目や処理方法を統一した部品表を整備する必要がある。

　本章は連結グループのSCMについて主として考察しているが，SCMの管理には，連結グループ外企業の情報も必要である。それができて初めて，サプライチェーン全体の利益計算が可能となる。最終的には，どこまでのSCを考慮した正確な利益計算ができるかが，SCMの成功か否かを左右することになると思われる。

第3章 連結企業グループ内における企業間SCMの重要性と管理会計

参考文献

Busco, C., Giovannoni, E. and R. W. Scapens (2008), "Managing the Tensions in Integrating Global Organizations : The Role of Performance Management Systems", *Management Accounting Research*, Vol. 19.

Caglio, A. and A. Ditillo (2008), " A Review and Discussion of Management Control in Inter-firm Relationships : Achievements and Future Directions", *Accounting, Organizations and Society*, Vol. 33.

Dossi, A. and L. Patelli (2008), "The Decision-influencing Use of Performance Measurement Systems in Relationships between Headquarters and Subsidiaries", *Management Accounting Research*, Vol. 19.

伊藤良二, 須藤実和 (1999)『戦略グループ経営:事業ポートフォリオの再構築』東洋経済新報社.

泉谷 裕編著 (2001)『「利益」が見えれば会社が見える:ムラタ流「情報化マトリックス経営」のすべて』日本経済新聞出版社.

川野克典, 藤原雄樹, 平賀 龍 (2008)『現状を打破し, 足元を固める「原価計算」見直しの実務』中央経済社.

川野克典, 横田康之 (2003)「グローバル原価計算システムの構築と活用法」『企業会計』第55巻, 第6号.

木村彰吾 (2003)『関係性のパターンと管理会計』税務経理協会.

佐治 寛 (2001)「シャープにおける経営管理手法」『Business Research』4月.

鈴木 武稿 (2003)「トヨタ自動車株式会社 グループ全体での経営最適化を促進」, 企業研究会編『21世紀のグローバル&グループ経営のあり方:グループ企業価値最大化の戦略とマネジメントシステム』企業研究会.

下谷正弘 (2006)『持株会社の時代:日本の企業結合』有斐閣.

中田清穂, 三浦直樹著 (2008)『新セグメント会計基準対応 連結経営管理の実務:予算の立て方から円滑な導入まで』中央経済社.

浜田和樹 (2005)「企業間管理への管理会計の役割:SCM, ECMの財務・非財務指標による管理」, 門田安弘編著『企業価値向上の組織設計と管理会計』, 税務経理協会, 第26章.

浜田和樹 (2003)「企業間管理の重要性と管理会計」, 門田安弘編著『組織構造と管理会計』税務経理協会.

藤野哲也 (2007)『日本企業における連結経営:21世紀の子会社政策・所有政策』税務経理協会.

皆川芳輝 (2008)『サプライチェーン管理会計』晃洋書房.

武藤泰明 (2002)『グループ経営 7つの新常識:投資家の視点から企業の視点へ』中央経済社.

森本朋敦, 小池 亮 (2008)『四半期開示時代の連結経営管理と実践手法:グローバル製造業のための3軸管理』税務研究会出版局.

門田安弘 (1991)『自動車企業のコスト・マネジメント:原価企画・原価改善・原価計

算』同文舘出版。
門田安弘（2009）『企業間協力のための利益配分価格』税務経理協会。
四倉幹夫（2004）『エンジニアリング・チェーン・マネジメント：グローバル統合化部品表による生産革命』翔泳社。

第4章　SC変革のための製品別利益情報の有用性
：特にグローバルSCを中心として

I　はじめに

　わが国企業が競争優位を保ちながら成長するためには，グローバルな見地から戦略を策定する必要がある。グローバルに展開する製造業は，海外に多くの製造・販売拠点を設け，調達・製造・輸送・販売を行っているので，これらの拠点にどのような役割を持たせ，どう連結すれば，利益を増大させることができるかが重要な問題となっている。

　財団法人企業活力研究所からの委託研究であるみずほ情報総研株式会社「我が国製造業のバリューチェーンのあり方に関する調査研究」（財団法人企業活力研究所 2010）では，バリューチェーン（Value Chain：価値連鎖：VC）を構築するとき，製品の短命化，コモディティ製品における新興国企業の台頭，サービス・ブランド・環境対応といった付加価値の役割の増大等を考慮する必要があると指摘している。特に，新興国に関しては，「従来のような生産拠点だけを新興国に求める体制ではなく，現地での消費ニーズを考慮した体制の再構築を検討することが極めて重要」（財団法人企業活力研究所 2010，1頁）と述べている。そして，海外で通用するビジネスモデルは，市場を含めたSCを実施するためのシステム構築，品質保証の充実，リサイクルやアフターサービスの充実等が重要であり，国内拠点は新たな技術創出の場を提供し，製品の信頼性評価の仕組みを確立し，技術流失の防止，人材育成，福利厚生支援を行わなければならないと指摘している。

　新興国市場の拡大に注目した研究が近年多く行われ，日本本社が策定した戦略は新興国に浸透しにくいので，戦略策定や製品・事業開発をより現地に移管

する必要があるという指摘も多くなされている。

　経済産業省からの委託研究である三菱総合研究所「グローバル・バリュー・チェーン分析に関する調査研究」(経済産業省 2012)では，VCの特徴として，

① 　製造業に関しては，製品企画，研究開発などの川上工程は国内を主体とする。川中工程にあたる部品生産，加工工程は海外で自社展開される。川下工程にあたる営業・販売の海外化の程度も高い。

② 　製造業では，研究開発，商品企画といった上流工程における付加価値貢献度が高い。ただし，加工組立製造業では，中流工程にあたる加工・組立，下流工程にあたるサービス提供の貢献度も高い。非製造業では，上流工程のなかで研究開発よりも，商品企画の貢献度が高く，それ以上に高いのがサービス提供，営業販売といった下流部分である。

③ 　今後，製造業では上流工程は国内に留まるが，中流工程，下流工程は海外志向であり，この傾向は加工組立型に強い。

を挙げている。

　グローバル企業においては，以上に示したように海外拠点が多くつくられ，拠点間の関係も複雑になっているので，SC変革に焦点を当てる場合，SCの流れを考慮しながらグローバルなレベルで考察する必要がある。新興国市場に対応する製品については，上述したように別途考察が必要な場合も多い。

　以上述べたように，グローバルSCに関する考慮しなければならない課題は多くあるが，本章ではこれらの課題を解決するために最も基本的に重要となる製品別利益情報，原価情報に焦点を当て，しかもグローバルな観点からSCを変革するために，それらの情報をいかに用いて検討したらよいかについて考察する。

　本章では最初に，SC変革において考慮すべき点を整理するために，事業システムの価値創造に関する諸種の名称で呼ばれている研究が参考になると考え，それについての考察を行っている。次に，SC変革にはきめ細かな製品の流れに沿った分析が必要であり，そのためには，特に製品の収益性の正確な計算と分析が重要と思われるので，その点ついて詳細に考察を行っている。というの

は，本章で述べるように，外部報告のための原価計算であれば，詳細な原価項目の分析ができないという問題があるからである。これは，複数企業を経由して完成品が製造される場合の内部利益の控除の仕方が原因である。

本章では，その問題点を克服する製品原価の計算法として，部品表をつなぎ合わせて計算する方法について考察している。この方法は，SCの変革を判断するために，正確で重要な情報の提供を可能にするので，前章と重複する箇所もあるが，その部分は極力簡単に説明し，それ以外の部分をあえてより詳しく考察することにする。というのはこの方法によれば原価要素の細かい分析が可能になり，またその原価を用いて損益管理すれば，SCのどこを解決すれば利益を増やすことができるのか，どの分野を拡張していけばよいのかが分かるようになると思われるからである。

II 有効なSC変革のための事業システムの諸研究

2.1 事業システムに関する諸研究

事業システムについてのよく知られた研究は，M. E. ポーターのVCについての研究である（Porter 1985）。彼は，会社の諸活動を顧客の主活動と支援活動に区別し，それら個々の活動が企業価値にどのように貢献するかを分析した。ただ，彼はVCの価値そのものを分析しないで，主として個々の活動のコストを分析し，コストを下げることが価値創造につながると考えた（井上 2010）。そしてポーターは活動コストを下げるため，規模の経済，習熟度，キャパシティ利用のパターン，連結関係，相互関係，統合，タイミング，自由裁量できる政策，ロケーション，制度的要因の10種類のコストドライバーに着目し，また活動間の連結関係にも着目した。このコストドライバーは構造的コストドライバーと言われるもので，活動基準原価計算における配賦基準の意味に使われるコストドライバーとは異なっている。そして，諸活動を再構築することにより，コスト優位や差別化優位に立てることを指摘した。彼は，主として個別企業のVCのみに焦点を当てているが，そのVCは上位の価値システムの中に埋

め込まれると考えている。競争戦略分析に有効であるコストドライバー分析については第8章を，また戦略的ポジショニング分析や，VC分析の詳細については，章末の（補論）を参照してほしい。

　C. M. クリステンセンは，入れ子構造に位置付けられた価値ネットワークが事業パラダイムを決めてしまうと主張した（Christensen 1997）。すなわち，収益構造やコスト構造を決めるのが業界ではなく，自社が埋め込まれている価値ネットワークであるとした。A. M. ブランデンバーガー，B. J. ネイルバフは，自社を中心に直接的関係のあるプレイヤーである供給業者と顧客だけでなく，それ以外の競争相手，補完業者も企業価値に影響を与えると考えた（Brandenburger, Nalebuff 1997）。補完業者とは，自社の製品の価値を高めてくれる企業のことである。

　これらの価値創造についての研究をもとにして，どのように自企業のビジネスを実施するかの仕組みであるビジネスモデルを決定することになる。ただ，ビジネスモデルの考え方は論者によって若干異なっている。ビジネスモデルはSCの変革に特に関係するので，少し詳しく論者の定義を示してみたい。國領二郎教授は，「ビジネスモデルとは，①だれにどんな価値を提供するか，②そのために経営資源をどのように組み合わせ，その経営資源をどのように調達し，③パートナーや顧客とのコミュニケーションをどのように行い，④いかなる流通経路と価格体系の下で届けるか，というビジネスのデザインについての設計思想である。」（國領 2001, 26頁）と定義している。

　近能善範，高井文子の両教授は，「ビジネスモデルとは，策定された戦略に基づいて製品を顧客に提供し，事業として収益を上げるための，一連の業務の仕組みのことである。」（近能・高井 2012, 334頁）とし，それは，製品を生み出しそれを顧客にまで届ける一連の業務の仕組みであるビジネスシステムと，対価を確保するための利益モデルから成り立っているとしている。

　また，M. W. ジョンソン，C. M. クリステンセン，H. カガーマンは，ビジネスモデルは互いに関係し合う，①顧客価値提案（目標とすべき顧客を選定し，提供する価値を明確にする），②利益方程式（儲けるやり方）と，これらを達成する

ための，③重要な資源，④重要なプロセスの4つの要素から成り立っているとしている（Johnson, Christensen, Kagermann 2008）。

　これらのビジネスモデルの定義に共通していることは，個別企業だけでなくそれを超えた視点で分析し，価値創造理論をベースとして，顧客に価値を届けるための仕組みと，対価を確保する利益モデルが重要であるということである。また，価値創造のどの面に焦点を当てるかで，諸種の側面から定義できるということである。

　ビジネスモデルの策定プロセスとして，H. チェスブロウの研究が参考になると思われる。彼らの研究は前述した価値創造プロセスの全体を総合しているように思える。そして，ビジネスモデルはアイデアを経済的成果に結びつけるための枠組みであるとして，そのプロセスを，

① 価値提案を明確にすること
② 市場セグメントを見つけること
③ 企業のVCの構造を明確にすること
④ 価値提案とVCに基づき，収益とコストの構造から潜在的利益を評価すること
⑤ サプライヤー，顧客，競争相手，補完業者を含む価値ネットワーク内での自社の位置を決定すること
⑥ 競合他社に勝つための競争戦略を確定すること

として示している（大前訳 2008, 77頁）。

　既存のSCの変革を考える場合には，主に③から⑥までのプロセスを，また新製品や新サービスのための新規のSCを考える場合には，①から⑥までのプロセスを考察対象にすればよい。その変革には，有効性（顧客により大きな価値があると認められるかどうか），効率性（効率がよいかどうか）はもとより，模倣困難性（模倣が難しいかどうか），持続性（長期にわたって持続可能かどうか），さらには発展可能性（将来にわたって発展性があるかどうか）を考慮する必要がある（加護野・井上 2010, 39-44頁）。

2.2 ビジネスモデルへのSCの視点からの考察

ビジネスモデルを考えるとき，既存の事業の改革を目指すのか，拡張を目指すのかを考えなければならない．もし拡張するのであれば，垂直方向への展開を目指すのか水平方向へ展開するか，また川上方向への展開か川下方向かを考慮することになる．

垂直型のビジネスモデルとは，既存商品，あるいは製品開発を核として，材料，部品製造，組み立て，流通，販売に至る事業構造の縦方向，すなわちSCに焦点を当てた方式である．製品を効率的に最終消費者に届けるために，製品の流れをスムーズにする施策，活動の連結部分を効率的にする施策を考えることになる．

これに対して水平型のビジネスモデルとは，自社がかかわる製品のサプライチェーンにおいて提供する分野を絞る一方で，自社がコミットする分野についてはより多くの高いシェアを取ろうとする方式である（國領 2001）．これは，事業間に相互に影響させ合うことにより相乗効果を高め，単独事業の総計以上の価値の提供と利益獲得が可能となることを目指す方式である．自社が得意とする分野をもとに，関連分野での最高水準の製品やサービスの開発を目指すことになる．コンピュータ業界等はモジュール化が進んでいるので，モジュール内機能については自発的に開発できる．そのためその機能に対しては，オープン・アーキテクチャ戦略がとられることが多いので，水平型が有利となる場合が多い．

ビジネスモデルの考察には，前述したように，サプライヤー，顧客，顧客の顧客，競争相手，補完業者等を考慮する必要がある．拡張・充実方向は大きく4つのタイプに整理でき（竹井・吉川 2009），その1つのタイプは川上・垂直展開型である．このタイプは，原料の安定調達や原料のコスト競争力が重要成功要因であるが，その面が弱い場合に有効である．また，川上のサプライヤーの寡占化が進んでいないときに有効である．

2つ目のタイプは，川下・垂直展開型である．川下領域に大規模な顧客やその顧客がいて収益性が大きいが，川下展開に必要なケイパビリティを保有して

いないときに有効である。また，川下に競争相手が少なく，寡占化が進んでいないときに有効である。

　3つ目のタイプは，川上・水平展開型である。得意とする技術，能力を生かした製品を利用した水平展開がやりやすく，その展開を可能にする補完業者もいるという場合に有効である。また水平展開した場合に，原料の安定調達，原料のコスト競争力が重要成功要因であるがその面が弱く，その分野の競争相手の相対的シェアが比較的低い場合に有効である。

　4つ目のタイプは，川下・水平展開型である。得意とする技術，能力を生かした製品を利用した水平展開がやりやすく，水平展開するときの競合他社の相対的シェアが比較的低く，補完業者がいる場合に有効である。また，展開した分野の川下の収益性が高く，川下の寡占化が進んでいない場合に有効である。

　以上のようにビジネスモデルの拡張・充実方向は4つのタイプに整理されるが，垂直方向への展開はSCの変革そのものである。一般に，基本的性能の向上をもたらす技術が重要なときは垂直展開型が有効であり，使いやすさ，カスタマイズ化が重要なときは，入れ替えが簡単であるモジュール化による水平展開が有利である。水平方向の展開を行った後は，垂直方向のSCの構築が重要になる。本章では垂直方向のSC変革を中心に考察することにする。

Ⅲ　グローバルSC変革のために重視すべき点と課題

3.1　SC変革に必要な情報

　既存SCであろうが新規SCであろうがSCの変革を検討するとき，既存のSC全体を通した現状分析から始めなければならない。前章でも述べたので繰り返しになるが，トヨタ自動車株式会社の鈴木　武氏は，SC全体の分析の必要性を，「トヨタの親会社と子会社では，ほとんどの会社が商流でつながっている。つながった両者間で，双方が個別の利益最大化を目指すと，価格をめぐって対立が生じる。それを解消するには事業をスルーでみるとか，親会社，子会社一体で全体最適を見ることが必要である。」（鈴木 2003, 238-239頁）と述べている。

これはSC変革にも参考になる見解である。

SC変革に有用な情報は，製品ごとの情報と地域ごとの実際情報と正確な予測情報である（浜田 2010；藤野 2007）。製品情報が重要である理由は，グローバルに展開する製造業では，海外にいくつもの製造拠点，販売拠点があり，調達・生産・輸送・販売を行っているので，各拠点のコストをSCに沿って集計しないと正確な製造原価や売上原価が計算されないからである。すなわち利益管理ができないからである。地域情報が重要である理由は，販売拠点や生産拠点の情報が重要な場合もあるからである。

一般に，前章でも述べたように製品種類が多い家電業界，事務機業界に属する企業は，製品情報を中心に考えるのがよい。これに対して，自動車企業は製品種類が比較的少ないので，地域ごとの情報が有効な場合が多い。ただ，地域ごとの情報が有用であるとしても，製品ごとのSCのきめ細かい管理のためには，地域ごとの製品別情報が重要になる。生産拠点でのきめ細かい管理が必要となる場合には，生産拠点ごとの製品別情報が重要になる。また販売拠点でのきめ細かい管理が必要になる場合には，販売拠点ごとの製品別情報が重要になる。

また新興国市場が重要な市場と認識される場合には，序論で述べた報告書にも示されているように，製品開発，生産，販売を現地に任せる経営が必要になる。このような場合にも，有効なSC変革には，新興国において製品ごとのきめ細かい情報が必要になる。

3.2 グローバルSC変革のための情報の課題

前節でSC変革のためには情報，特に製品別の情報が必要であることを述べたが，次のような解決すべき課題もある。その1つ目は，拠点ごとの製品の収益性は把握できていたとしても，グループ全体を通した製品ごとの収益性が正確に把握されていないということである。もちろん拠点ごとの情報は重要であるが，グループ全体での情報が正確でないと，どの製品の販売促進に努めなければならないか，どこまで販売価格を下げることができるのかが分からない。

第4章　SC変革のための製品別利益情報の有用性

　また，拠点ごとに製品原価が正確に計算あるいは推計されている場合でも，製造原価だけに重点が置かれ，販売費や一般管理費，関税等の税金までを考慮した分析がなされていない場合も多い。新製品，新サービスをもとに，新規のSCを検討している場合にも，推計が難しいときには，概算額でもよいのでSC全体の製品別情報が必要になる。

　2つ目は，SCごとに製品原価が費目別に正確に把握できていないので，どの費目を下げることができるのか，どの活動を減らすことができるのかが分からない。費目の分類が企業によって異なっていたり，処理方法が異なっていることが多いので，SC全体を通して，原価費目ごとに合計額を求めようと思っても，集計できなかったり，合計額が意味を持たなくなるからである。また次節で述べるように，原価費目ごとの計算を難しくしているのは，内部利益の控除の仕方である。この点については，次節で詳しく述べる。既存のSC変革の場合にも新規SC変革の場合にも，SC全体の原価費目ごとの情報が重要になる。

　3つ目は，近年，製品のライフサイクルが短くなり陳腐化リスクが高くなっていることに関係している。そのため，SCの変革には，拠点ごとに部品や製品の在庫高を迅速に把握し，グループ間で融通し合うことができるようにすることも必要である。また，需給調整や販売促進策などへの素早い対応を可能にすることが必要である。それ故，在庫情報，需給調整状況の情報と同時に，どう融通すれば企業にとって最も有利かを判定するためには，正確な原価情報・利益情報も必要である。

　4つ目は，為替変動，税率変更が製品の収益性に大きく影響し，その予測に時間がかかりすぎているので，十分な検討や対応策が素早くとれていないということである。SCの改革には，為替変動，税率変更などを見越した損益シミュレーションの結果や，複数シナリオでの対応策の分析情報が重要になる。

　これらの課題を解決するためには，グローバルなレベルで統合情報管理の基盤を整備することである。特に，利益管理のためには原価計算情報の精度を高めることが必要である。しかしながら，原価情報は多くの基礎情報を積み重ね

て作成されるので，基礎情報の精度が低いと正確な情報が得られない。そのため企業ごとにその精度を高めることが必要である。また前述したように，SCには多くの関係会社が含まれるので，原価費目の統一や原価計算方法の統一が必要になる。グローバル企業の場合，購入品の単価は，為替相場，原料相場の影響を大きく受け，どの時点で為替換算を行うかによっても原価に大きな差が出たり，またグループ企業から購入する場合には，政策的な価格が用いられたりもするので，この点での統一も重要になる（倉林・金子・小山田 2014）。

そしてSC変革のためには，どこで調達した原料を使用し，どこの拠点でどの製品をつくり，どの拠点に転送し売るのが最もコストパフォーマンスが高くなり利益が高くなるのか，またどのような製品が将来の利益をもたらすのか，そのSCをどう構築すればよいのかの判断に役立つ情報が提供されねばならない。今までの日本企業は子会社の自主性を重んじるあまり，各種業務の仕組みには親会社があまり口出しをしてこなかった。これからは，グループ経営資源を最適活用するようなSC変革が重要になると思われる。

Ⅳ　グローバルSC変革のための原価計算システム

4.1　製品別原価情報の重要性と管理連結の特徴

前章で述べたようにSC変革のためには多くの実績情報と予測情報が必要であるが，最も重要な情報はSC全体を通して集計した製品ごとの利益の情報である。製品ごとの利益の計算のためには原価が計算されていなければならないので，本節では原価計算に焦点を当てて述べることにする。製品別連結を行う場合，SC上で発生するコストの総額を集計するために，関連する拠点はすべて連結の対象に含める必要がある。ただこの場合，財務会計が求めている連結範囲を超えて，可能な限りSCに関連するすべての会社を含めるようにしなければならない。もちろんSCに係わらない子会社は除外すればよい。

SCで発生するコストについて，製品単位に直課できないものも多く，例えば，混流生産を行っている場合，労務費，設備に関する費用も製品ごとに測定

困難な場合が多い。この場合は，適切な配賦計算を行う必要がある。製造原価の算定には部品表が重要な役割を果たす。製造原価以外のものを別途収集する必要もある。

　グローバル経営のためには，財務会計上の連結決算処理ではなく管理連結が必要である（安井 2012）。管理連結は経営目的のために行う連結であり，上述したように連結範囲を変えてもよい。また管理連結は，経営管理を助けるレベルでよく，制度連結のような精密さは必ずしも必要なく，連結処理のスピードや環境にフレキシブルに対応することが重要である。推計が必要な場合には，コストと便益を考慮しながら正確さの程度を決定すればよい。さらに，管理連結は法的ルールがないので，必要に応じて企業が管理ルールを設定できるという特徴も持っている。

4.2　製品別連結のための部品表の特徴

　製造業では部品表は最も基本的なデータベースである。部品表については前章でも述べたように，それには製品管理のための重要な情報が多く含まれているので，前章の補足すべき点をより詳細に述べることにする。部品表に含まれる情報は企業によって異なるが，最も基本的なものは，品番マスター（データベース）と構成マスターからなる。部品表の基本形は設計部門の情報であるが，実際の部品表はそれ以外の部門が提供する情報がかなりある。例えばモノをどう動かすのかの工程情報，部品や製品がどう変更されたかを示す設計変更情報，原価管理のために調達部門が提供する原価情報等がこれにあたる（佐藤・山崎 2014）。

　部品表は1つではなく，各部門が使いやすいように必要な情報を独自に付け加えたり，基本的な構造も異なっている。例えば，製品企画部品表，設計部品表，購買部品表，製造部品表，原価部品表等の目的別部品表に分かれている。

　部品表のよく言われる課題として，部品表作成のもとになっている技術が古いということ，部品表で管理されている情報が最新のものになっていないということ，部品表の精度が低いことがあげられる。特に，特定目的ごとに部品表

が作成されているので特定目的のためには都合がよいが，近年，統合化されていないという問題点が指摘されている。この最後の問題点は，部品表を以前はある業務に必要なデータベースとして用いていたが，近年は情報の共有やコミュニケーションするための手段として用いられるようになったので，特に指摘されるようになっている（戸沢・四倉 2006）。また目的別部品表に分かれていることが，データ不整合の原因にもなると指摘されている。全体最適のためには統合化した部品表が必要であり，部品表の一元管理が必要である。

しかし，設計，購買，製造，販売で用いられる部品表を単純に統合化だけすればよいというのではない。使う目的が違っているので，ある目的のためには不要なものが多く含まれている。不要なものが多いと必要な内容が分かりにくくなるので，ある目的のためには，必要な情報だけを必要な型で瞬時に取り出せるようにしておく必要がある。それゆえ部品表を統合した統合化部品表は，各部分業務が最善になるよう援助しながら全体最適を達成するよう工夫する必要がある。

トヨタ自動車株式会社の統合化部品表については前章で述べたが，株式会社小松製作所（コマツ）も統合化部品表を作成している。油圧ショベル1台当たりの部品数は3千点であり，中型油圧ショベルなど販売台数の多い機種は，同一製品を世界の複数の工場で生産している。通常，新製品はまず国内工場で生産を開始し，半年ほど遅れて海外工場で生産している。部品表の統合により，新製品の世界同時立ち上げや，需要を機動的に取り込めるようになっている（日経産業新聞　2007年12月28日）。

部品表に基づき原価を跡づければ，個別企業の原価計算は正確になる。また部品表をつなぎ合わせて計算したり，トヨタやコマツのように，全世界で統合化された統合化部品表を用いて計算すると，関係会社を含むSC全体での製品原価を正確に求めることができる。

第4章　SC変革のための製品別利益情報の有用性

4.3　部品表による連結原価計算システムの構築

　連結原価計算には2つの方法があることは前章で述べた（川野・横田 2003；川野・藤原・平賀 2008, 130-136頁）。このうち，関係会社の製品別製造原価報告書を単純合算した後，内部取引額や内部利益額を合算額から控除して連結製造原価報告書を作成する方法は，製品原価の算定において，1個当たりの原価が費目ごとに計算しにくいので問題があるということは，前章で述べた。

　SC変革に有効な方法は，関係会社間の部品表をつなぎ合わせ，グループ統合された部品表を使って原価を積み上げる方法である。この方法は，単位原価計算による連結原価計算と呼ばれる方法である。連結原価計算はSCにおいて重要であるので，前章と重複する部分は簡単に述べ，それ以外の部分をより詳しく考察することにする。ここでいうグループ統合された部品表とは，製品の製造過程で消費された原価を，その流れに従って（部品表を積み上げて），内部利益を含まないで費目ごとに集計した部品表のことである（大木 2012；森田・安田 2009）。その意味で，トヨタ自動車株式会社のような統一した，しかも必要に応じて必要な情報だけが取り出せるというような進んだレベルの統合化部品表だけを意味してはいない。実際単位原価計算は，部品表や配合表を利用し，実際の購入原価，実際の賃率等を用いて原価を積み上げていく計算法である。費目レベルで積み上げてくことで，実際の単位原価が求められる。そして実際製造原価は，実際の単位原価×生産数量＝実際製造原価で求められる。ただこの実際製造原価は，前もって単位原価を計算しておくことになるので，製造過程における実際の価格，賃率，消費量，作業時間，稼働率を反映していないことになる。そのため財務報告で必要になる数字と異なることになる。

　グループ統合された部品表を用いれば，連結ベースで，費目別，部品番号別に原価が把握でき，製品別管理に重要な情報を提供できるという利点を持っている。実際原価ではなくSC変革のためには，予想原価も必要になると思われるが，実際単位原価でなく予想原価を用いれば，これに予想生産量を乗じて予想製造原価が求められ，これを用いて検討すればよいことになる。（図4-1）はSCの部品表をつなぎ合わせて計算する連結原価計算の特徴を示している。

この方法によれば，（図4-1）でも分かるように，正しい原価費目ごとにSC全体の原価集計がなされることになる。

(図4-1) SCの連結損益計算の概念図

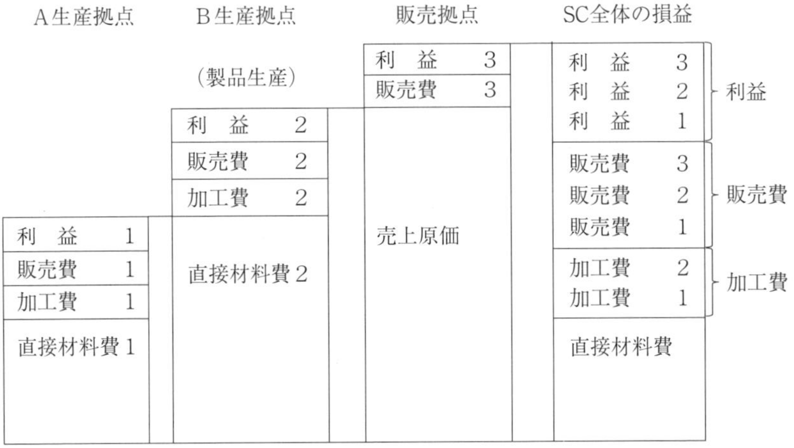

A生産拠点	B生産拠点	販売拠点	SC全体の損益
	（製品生産）	利　益　3	利　益　3
		販売費　3	利　益　2 ─利益
	利　益　2		利　益　1
	販売費　2		販売費　3
	加工費　2	売上原価	販売費　2 ─販売費
利　益　1	直接材料費2		販売費　1
販売費　1			加工費　2 ─加工費
加工費　1			加工費　1
直接材料費1			直接材料費

　正確な原価を求めるためには，グローバルなレベルで部品表を統一し，原価計算方法の統一も必要である。国内企業だけを統一することは比較的簡単であるが，海外企業ではなかなか困難である。特に，新興国を含めて統一するということになるとより困難である。それ故，あまりに複雑な処理基準を設定しないで，実行可能性，精度，スピードのバランスを考えて決めることが必要である。新興国等の海外拠点は詳細さのレベルを段階的に上げたり，簡易的なツールでの対応も考えることが必要である。

Ⅴ　グローバルSC変革のための製品別利益情報

5.1　製品別利益情報の有用性

　前章でグループ統合化された部品表を用いた原価計算について考察してきたが，この方法によれば製品の原価費目ごとに原価が正確に計算されるので，現行のSCのどこを改善すればどの費目が減り，全体原価へどのような影響を与

えるかが明確になる。また新しい商品やサービスを提供するときに，原価費目ごとに原価の予測を正確にできるようになるので，どのようなSCを経由すれば最も有利か判断しやすくなる。SCの改革を検討する場合，現行のSCの改善と同時に，常に新しい製品やサービスの提供の可能性を考慮に入れておくことが重要である。

　このようなタイプの原価計算は，ソフト会社，コンサルティング会社，研究所等でも研究されており，そのソフトも開発されている。株式会社NTTデータと株式会社ディーバは，グローバル事業展開する企業グループに対し，これまでの受払実績を用いた方式に加えて，グローバルBOM（Bill of Materials）を用いて，製品や地域の製造拠点における原価を求め，製品別利益を可視化する機能群を追加している（2014年11月21日，プレスニュース）。これにより，グローバル製品の拠点別コスト比較，販売単位当たりコスト比較，製品コスト構造分析が可能になり，またこれを用いた利益分析を行うことで，最適製造拠点の選択，競争力のある価格決定，資源の最適配置等，SC全体の立場からの全体最適な判断・施策の立案が可能になると思われる。さらに，各種条件の変化によるSCへの波及効果の把握，材料単価や為替変動シミュレーションによる損益への影響の把握，タイムリーな施策の決定，新規SCの展開方向の決定が可能になると思われる。

　マツダ株式会社は前章でも述べたように，2004年に経営の仕組みの改革を行った。その改革は，会社単位やマーケット単位での管理がメインで製品別管理ができていなかったのでその仕組みを変え，車種／市場／エンティティ軸の3軸で利益を可視化することであった（興梠 2010；森本・小池 2008）。これは車種ごとにどこで生産されどこで売られるのかの情報が重要だと判断したからである。SCの変革には，車種ごとの利益情報だけでなく，生産拠点と販売拠点の情報が必要である。そして，この情報をすべての従業員が3軸すべての会計情報をWebで見られるようにして，情報の共有を可能にした。この車種別の利益を計算には，グループ統合された部品表を用いた原価計算方法を採用した。そして，3軸で差異分析を実施したり，3軸管理システムにシミュレーション

機能を導入し，既存SCの変革，新規SCの展開方向の分析を可能にした。

ただ，注意すべき点がある。本社が統一通貨（日本であれば円）で利益を算定することは，SCの変革においてもちろん最も重要なことであるが，各国拠点では，現地通貨ベースで原価，利益を算定することが必要である。というのは，現地通貨ベースで算定しないと，為替変動により業績が歪められてしまい，努力により削減した原価，努力により獲得した利益がわからなくなってしまうからである。前述した株式会社NTTデータ，株式会社ディーバや，また東洋ビジネスエンジニアリング株式会社，株式会社日立ソリューションズも，グループ全体では統一通貨，拠点ごとには製品別の多通貨連結原価を計算し，それを用いた分析ソフトを開発している

5.2　製品別利益情報を用いたビジネスモデルの検討

ビジネスモデルの検討には，グループ各社がSCのどの位置にあり，全体のどの活動の中に組み込まれ，どのようなことで利益に貢献しているかを明らかにすることが必要である。そのためには，プロフィットゾーンに集中し，その移動に合わせて適切に対応することが必要である。製品別利益情報をもとに，どの点を改善すれば，またどの活動を減らせば，利益を増やすことができるのかについて常に考えることが必要である。競争相手，補完業者，顧客が利益にいかに影響を与えているか，影響を与える可能性があるかの検討も必要である。

プロフィットゾーンに焦点を当てた研究として，有名な検証結果に基づいたものとして，スマイルカーブの理論がある。この理論は，VCの研究において，開発や設計の上流段階や，アフターサービスやリサイクルの下流段階は高い収益率を上げることができるが，製造や販売の中流段階は収益率が低くなることを実証し理論づけたもので，利益曲線が放物線になることからスマイルカーブと名付けられている。この理論では，組立・製造作業は，技術進歩により，先進国以外でも可能になっているので，大きな付加価値を獲得しにくくなっているからであると説明している。

ただ，わが国製造業は，序論でも述べたように，必ずしもこのようになって

いないで，自動車業界では，製造，販売を頂点に，上流段階，下流段階の収益性が低くなる逆スマイルカーブと呼ばれる状態になっているともいわれている（経済産業省 2012）。ただ，モジュール化が進展してくると，一般的にはSCの両端に収益が集まるのは事実である。

　また産業における事業の利益構造に焦点を当てた研究として，プロフィットプールの理論がある。プロフィットプールとは，その産業のVCの中のすべての事業分野で獲得した利益の総和のことである。このプロフィットプールは，事業のもつ競争のダイナミックスを反映して変化する（Gadiesh and Gilbert 1998）。そして，プロフィットプールが他と比べて大きくなるプロフィットゾーンがある。このプロフィットゾーンは，競争に対する障壁が存在する事業分野や，ライバル企業が見過ごしている分野に形成される。プロフィットゾーンも，顧客が求める成果によって移動する。将来有望な新規のSCを探索している場合には，このプロフィットゾーンを，短期的ではなく長期的観点からとらえ，そこに進出していくことが必要である。短期的観点だけで進出を決定すると反って成長性が失われ，利益が減少するという研究もある。

　O. ガディシュ，J. L. ギルバートは，プロフィットプール推計のプロセスを次のように説明している（Gadiesh and Gilbert 1998）。

① 自社事業のVCアクティビティを定義し，プロフィットプールの対象領域を特定する。この場合，現在だけでなく，将来利益をもたらす可能性ある分野も対象に含めることが必要である。

② プロフィットプールの規模を測定する。産業全体の利益を概算でもよいので，推定することが必要である。

③ VCアクティビティごとの利益を推定する。最も細かい作業であり，最も重要な作業である。この推定がいかに正確であるかが，プロフィットプール分析の成否を決定する。

④ 推定結果を検証する。産業全体の利益とVCアクティビティごとの利益の合計が一致するかどうか検証する。一致すれば，推定結果がある程度保証されたことになる。

C. M. クリステンセンは，このプロフィットプールの利益額に対して，「市場規模が変化しなかった場合，プロフィットプール全体の利益額の総和はほぼ一定であり，価値連鎖のどこかでコモディティ化が進むと，別のところで脱コモディティ化が進みだす。つまり価値連鎖のどこかでコモディティ化が進み，利益が減少すると，どこか他の場所に利益が貯まりだすところが出てくる。」
（玉田・櫻井訳 2013）と述べ，この法則を，「魅力的利益保存の法則（The Law of Conservation of Attractive Profits）」と名付けている。この法則は興味深い原則であり，SCを考察するとき，記憶にとどめておくべき法則であると思われる。
　SC変革のためには，製品別利益情報を細かく分析しながら，上述のようなプロフィットゾーンに対する理論を参考にして，戦略を決定することになる。生産拠点，販売拠点を考慮する必要がある場合には，マツダのように3軸を相互に考えながら決定することになる。
　またSCの変革を検討する場合，自社が守る側と攻める側のどちらにいるかによっても対応は異なってくる。守る側の場合には，SC参入者を阻止する施策や競争相手に対するSCの柔軟な対応で守る必要がある。時には競争相手に対して垂直統合を徹底し，参入を阻止することも必要である。攻める側の場合には，プロフィットゾーンを発見し，そこへの進出をいかに実施するかを決定しなければならない。プロフィットゾーンの発見には，製品別利益情報の詳細な分析をもとに，隣接分野等の将来可能性を探ることが必要になる。隣接分野にプロフィットゾーンが移りそうであれば，そこを含めたビジネスモデルをいかに創るか考察しなければならない。
　プロフィットゾーンが移動する原動力は顧客であるので，顧客が何を求めているのかに常に注意する必要がある。第2節でも述べたように，基本機能の向上が重要であれば，効率化のために現状維持か垂直統合すべきかどうか，カスタマイズ化が重要であればモジュール化すべきかどうかの検討が重要である。顧客への価値提供の方法として，製品開発を優先して製品の優位性を求めるのか，業務の卓越性を求めるのか，サービスを重視して顧客との親密性を高めるのかの検討もSC変革の方向を決めるために必要である。

第4章 SC変革のための製品別利益情報の有用性

VI おわりに

　本章では，近年，グローバルSC戦略経営が重要になっているので，その戦略策定の進め方や管理，また必要な管理会計情報について考察した。アプローチの方法として，近年よく研究されている価値創造理論，事業システムの理論，その中でも特にビジネスモデルの研究を参考にしながら考察することにした。
　ビジネスモデルの研究は，本章でも述べたように諸種の定義があるが，製品の開発から製造・販売・アフターサービスまで含めた一連の業務の仕方であるビジネスシステムと，利益の獲得に関する利益モデルから構成されている。ビジネスシステムの検討では，SCのような垂直方向を重視するのか，水平方向を重視するのかのどちらを選択するか決めなければならない。実際には双方の可能性を考え判断する必要があるが，本章では垂直方向のSCを中心に考察した。またSCを選んだとすれば，既存のSCの変革か，新規のSCへの展開かを決定する必要がある。
　利益モデルの検討では，本章では特に，SC全体を通した製品ごとの原価情報が重要であると考え，その算定方法，情報システムのあり方について考察した。SCの中に多くの拠点を経由した企業間取引がある場合，外部報告を前提とした原価算定法では，内部利益の控除の仕方によって，本章で繰り返し述べているように，管理に有用な正確な原価情報が得られないことになる。原価管理のためには製品原価を構成する費目の正確な情報が必要になるからである。この問題を解決するために，本章では，関係会社間で部品表をつないで原価を算定する方法を検討した。SC変革のためには実績情報と予測情報が必要になり，予測情報が必要な場合には部品表を用いて推計したり，部品表そのものを予測することも必要になる。
　SCごとに正確な原価情報が求まれば，部品表の原価の流れを検討することにより，SCのどの部分を変革すればどれくらいの利益に貢献するかが分かるようになる。収益性の低い製品，収益性の高い製品も正確に識別されるように

なり，拡張すべき製品，改善すべき製品，廃止すべき製品が決定できるようになる。また現SCメンバー企業と新規に加わる可能性のあるメンバーの部品表を比較することにより，今後の展開方向を検討することもできる。製品を中心として生産拠点，販売拠点ごとの管理が必要な場合には，本章で述べたような製品軸，生産拠点軸，市場軸の3軸を関係づける管理と，それを可能にする情報システムが整備されなければならない。

　本章では，部品表は正確な原価を計算するためには，不可欠のものと考えている。それ故，本章で述べたように，企業活動がグローバル化している今日では，海外をも含めた関係会社全体で，費目や処理方法を統一した部品表を整備する必要がある。また本章では，SC構成企業の情報が得られているとして論を進めているが，SC構成企業にはグループ企業以外の企業が含まれることが多い。その際，いかに正確な情報を獲得するかも今後の重要な課題である。

参考文献

Brandenburger, A. M. and B. J. Nalebuff (1997), *Co-operation : Competitive and Cooperative Business Strategies for the Digital Economy*, Doubleday Business. 嶋津祐一，東田啓作訳（1997）『コーペティション経営：ゲーム論がビジネスを変える』日本経済新聞出版社。

Christensen, C. M. (1997), *The Innovator's Dilemma : When New Technologies Cause Great Firms to Fail*, Harvard Business School Press. 玉田俊平太監修，伊豆原　弓訳（2013）『イノベーションのジレンマ：技術革新が巨大企業を滅ぼすとき』翔泳社。

Christensen, C. M. and M. E. Raynor (2003), *The Innovator's Solution : Creating and Sustaining Successful Growth*, Harvard Business School Press. 玉田俊平太監修，櫻井祐子訳（2013）『イノベーションへの解：利益ある成長に向けて』翔泳社。

Chesbrough, H. (2003), *Open Innovation : The new Imperative for Creating and profiting from Technology*, Harvard business School Press. 大前恵一朗訳（2008）『Open Innovation：ハーバード流イノベーション戦略のすべて』産業能率大学出版部。

Gadiesh, O. and J. L. Gilbert (1998), "Profit Pools : Fresh Look at Strategy", *Harvard Business Review*, May-June. 森本博行訳（1998）「事業再構築への収益構造分析：プロフィット・プール」『ダイヤモンド・ハーバード・ビジネスレビュー』11月号。

Gadiesh, O. and J. L. Gilbert (1998), "How to Map Your Industry's Profit Pool, *Harvard Business Review*, May-June. ダイヤモンド・ハーバード・ビジネス・レビュー編集部訳 (1998)「プロフィット・プール・マップによる戦略発想」『ダイヤモンド・ハーバード・ビジネスレビュー』11月号.

Johnson, M. W, Christensen, C. M. and H. Kagermann (2008), "Reinventing Your Business Model", *Harvard Business Review*, December. ダイヤモンド・ハーバード・ビジネス・レビュー編集部訳 (2010)「ビジネスモデル・イノベーションの原則」『ダイヤモンド・ハーバード・ビジネス・レビュー』9月号.

Porter, M. E. (1985), *Competitive Advantage : Creating and Sustaining Superior Performance*, The Free Press. 土岐 坤, 中辻萬治, 小野寺武夫訳 (1989)『競争優位の戦略：いかに好業績を持続させるか』ダイヤモンド社.

Shank, J. K. and V. Govindarajan (1993), *Strategic Cost Management : The New Tool for Competitive Advantage*, The Free Press. 種本廣之訳 (1995)『戦略的コストマネジメント：競争優位を生む経営会計システム』日本経済新聞出版社.

井上達彦 (2010)「競争戦略論におけるビジネスシステム概念の系譜—価値創造システム研究の推移と分類」『早稲田商学』第423号.

大木和俊 (2012)「製品別連結の実務と留意点」『企業会計』第64巻, 第11号.

加護野忠男, 井上達彦 (2010)『事業システム戦略—事業の仕組みと競争優位』有斐閣.

川野克典, 藤原雄樹, 平賀 龍 (2008)『現状を打破し, 足元を固める「原価計算」見直しの実務』中央経済社.

川野克典, 横田康之 (2003)「グローバル原価計算システムの構築と活用法」『企業会計』第55巻, 第6号.

倉林良行, 金子誠太, 小山田敏之 (2014)「連結経営体制の整備に欠かせないグローバル原価情報の取得・管理の勘所」『経理情報』12月, 1399号.

経済産業省, (委託先) 三菱総合研究所 (2012)「グローバル・バリュー・チェーン分析に関する調査研究」三菱総合研究所.

興梠幸広 (2010)「連結収益管理による経営の可視化—マツダ (株) の事例」『日本経営診断学会論集』第10巻.

國領二郎 (2001)『オープン・アーキテクチャ戦略』ダイヤモンド社.

近能善範, 高井文子 (2012)『コア・テキスト イノベーション・マネジメント』新生社.

佐藤知一, 山崎 誠 (2014)『図解でわかる生産の実務：BOM／部品表入門』日本能率協会マネジメントセンター.

財団法人企業活力研究所, (委託先) みずほ情報総研株式会社 (2010)「我が国製造業のバリューチェーンのあり方に関する調査研究」財団法人企業活力研究所産業競争力研究センター.

鈴木 武 (2003)「トヨタ自動車株式会社, グループ全体での経営最適化を促進」, 企業研究会『21世紀のグローバル＆グループ経営のあり方：グループ企業価値最大化の戦略とマネジメントシステム』企業研究会.

竹井理文, 吉川英樹 (2009)「バリューチェーン再構築：マーケットをデザインする」

『化学経済』8月号。
戸沢幹夫,四倉幹夫（2006）『グローバル生産のための統合化部品表のすべて：BOM／部品表の一元管理法』日本能率協会マネジメントセンター。
日経産業新聞（2003）「トヨタ,情報システム刷新：世界最適生産を加速,250ケタの品番を共通化」日経産業新聞,6月13日。
日経産業新聞（2007）「コマツ,部品表ITを生かし"国際化"：ERPで生産移管効率よく,建機稼働把握し部品の需要予測」日経産業新聞,12月28日。
浜田和樹（2010）「連結企業グループ内における企業間SCMの重要性と管理会計」『ビジネス＆アカウンティングレビュー』3月号,第5号。
ビジネスブレイン太田昭和監修,中澤　進,倉林良行,岩崎啓太編著（2012）『欧米企業から学ぶグローバル連結経営管理』中央経済社。
藤野哲也（2007）『日本企業における連結経営』税務経理協会。
森田鉄平,安田信太郎（2009）「グローバル利益最大化に向けたSCMオペレーションの再構築」『化学経済』5月号。
森本明敦,小池　亮（2008）『四半期開示時代の連結経営管理と実践手法：グローバル製造業のための3軸管理』税務研究会出版局。
門田安弘（1991）『自動車企業のコストマネジメント：原価企画・原価改善・原価計算』同文舘出版。
安井　望（2012）「グローバル経営管理に必要となる管理連結」『企業会計』第64巻,第11号。
山田昭男（2012）「連結管理会計情報の戦略的活用に向けて—連結標準原価の導入によるマネジメントプロセスの刷新」『企業会計』第64巻,第11号。
四倉幹夫（2004）『エンジニアリング・チェーンマネジメント：グローバル統合化部品表による生産革命』翔泳社。

補論　戦略的ポジショニング分析とVC分析

　シャンク,ゴビンダラジャンは,戦略的コストマネジメントの代表的手法として,戦略的ポジショニング分析,VC分析,コストドライバー分析の3つを挙げている。コストドライバー分析については,第8章の本論で詳細に述べているのでここでは省略する。
　戦略的ポジショニング分析とは,競争上優位な位置を取ることである。この位置取りは物理的な位置取りと考えてもよいし,業界構造上の特定の位置取りと考えてもよい。後者の位置取りで特に考慮すべきことは,コストリーダーシップ戦略を目指すか,差別化戦略を目指すかということである。このほかに

第4章　SC変革のための製品別利益情報の有用性

も集中戦略があるが，集中戦略はコスト集中戦略と差別化集中戦略から成るので，基本的なタイプは2種類である。コストリーダーシップ戦略はコストの削減を行うことで競争優位を目指す戦略であり，差別化戦略は特徴ある製品やサービスを提供することで競争優位を目指す戦略である。

　このどちらの戦略を採用するかによって，重点を置くべき個所やコスト管理の個所が変わってくる。コストリーダーシップ戦略を採用している場合には，製造販売のコスト効率が重要であり，そのために製造販売コストの分析，管理が重要である。特に，競合製品のコスト分析が重要である。これに対し差別化戦略を採っている企業は，顧客満足をもたらす差別化要因の発見が重要であり，製造販売におけるコスト効率を高めることはさほど重要ではない。コスト管理としては，マーケティングコストを各種の側面からの分析し，いかにこの分析を顧客満足の効率的達成に結びつけるかが重要になる。

　VCについては本章の本文と第8章でも簡単に述べている。VCとは，原材料やエネルギーの購入から製品やサービスの最終消費者までの一連の価値創造活動の連鎖のことであり，この価値創造過程の分析のことをVC分析という。この分析は，ポーターが戦略分析の枠組としてVCを提示し，分析法を示したことから始められるようになった。ここでの価値とは，「買い手が企業の提供する製品やサービスに進んで払ってくれる金額」のことである。

　企業内の価値を生み出す活動には，購買活動，生産活動，販売活動，物流活動，サービス活動等の主要活動と，それを支える支援活動がある。VC分析は価値創造過程に焦点を当て，これらの活動の分析，活動間の分析をすることである。必要に応じて，詳細に分析したいのであれば，それぞれの活動を細分化して分析することになる。

　企業の競争優位は，VCの違いによって生じるので，VCを改善することによって競争優位を得ることができる。企業内部のVCだけを考えればよい場合もあるし，企業外部をも考慮に入れたVCを考える必要がある場合もある。VCの改善のためには，主要活動間の連結関係の改善，支援活動と主要活動の間の連結関係の改善が，特に重要になる。例えば，前者の連結関係とは，納入

部品の検査を厳密に行えば生産工程での品質関連コストが低くなる等であり，後者の連結関係とは，製造・販売支援活動を適切に実行することによって，製品の製造・販売コストが変わる等の連結関係である。

第5章　企業間SCMへのBSCの利用
：囲い込み型SCMとオープン・ネットワーク型SCM

I　はじめに

　近年，各企業は，購買，生産から最終消費者に届くまでを1社がすべて行うことは少なくなり，例外もないことはないが，コアコンピタンスである部分のみを残し，他は外部へアウトソーシング（外部委託）する傾向が多く観られるようになっている。それ故，自社内の管理のみでは，戦略的観点から，競争優位の獲得に役立つ手段となるコスト削減，消費者への迅速な対応ができなかったり，知識創造の十分な効果等が得られない場合も多くなっている。それを克服するためには企業間システム全体を対象とした管理が必要であり，その適切な管理が競争優位の1つの大きな源泉になっている。

　企業間システム全体を観ることによって，どこがネックになっているかがよく分かるので，各企業がコスト削減，納期短縮のために採りうることができる対策がより明確になる。企業間の処理手続きを単純化，統一化することによっても，コスト削減を図ることができる。関係会社全体で原価企画を共同で実施することにより，個別企業で実施する以上のコスト削減が可能になる。また最終消費者からの需要情報を即座にメーカーに届くようにすれば，メーカーの最終需要への迅速な対応が可能になる。これは，近年の情報システムの急速な発展により，実行可能性が高まっている。

　本章では，企業間管理としてSCMを採り上げ，BSCの利用の仕方について考察することを目的としている。もちろん，SC全体を1社が担当することもあり，その場合には，SCMは単一企業を対象とすることになるが，本章では，SCM全体を複数以上の企業が担当する場合について考察する。

SCMとは，資材の調達から，生産，販売，物流そして最終消費者に届けられるまでの業務の流れを1つの大きなチェーンとして捉え，その全体を管理するようにすることである。SCMは各種のタイプに分類できるが，その重要な分け方の1つとして効率追求型SCMと市場対応型SCMがある（浜田 2005, 285－286頁；西村 1999, 第8章；浅田 2005, 第2章）。効率追求型SCMと市場対応型SCMの特徴については，第2章を参照してほしい。

　本章では，まず，SCを構成している企業間の関係が，中核企業による囲い込み型になっているかオープン型になっているかによって，囲い込み型SCとオープン・ネットワーク型SCを区別し，それぞれのSCMの特徴について述べる。次に，企業間SCMでは，SC全体の総合的な戦略の策定，戦略管理に有効な管理会計手法であるBSCについて考察する。本章では，特に戦略管理を担うマネジメント・コントロール（MC）活動に焦点を当てて考察する。BSCによる管理は，SCメンバーの戦略目標を一致させ，利益創出に重要な役割を果たし，利用の仕方，重点の置き方を変えることにより，MCの各種の局面に利用できると考えられる。第Ⅳ節では，囲い込み型SCMとオープン・ネットワーク型SCMは企業間関係の緊密さの度合いが異なっているので，それぞれに適合すると思われるBSCの利用の仕方について考察する。

Ⅱ　囲い込み型SCMとオープン・ネットワーク型SCM

　SCのタイプは各種の視点から分類できるが，SCを構成するメンバー企業との関係の程度によっても分類できる。SCの1つのタイプとして，人的資源，販売チャネル，サプライヤーなどを自社の資源として囲い込むことによって，中核企業を中心とする取引関係を築いている場合がある。このSCはメンバー企業間の関係が緊密であるということが特徴であり，本章ではこのようなタイプのSCを，囲い込み型SCとよぶことにする。日本企業は，従来から系列とよばれる企業間関係を築き，まさにこのようなタイプのSCを前提として，競争優位の獲得を目指してきた。日本企業における親会社とサプライヤーの関係や，

親会社と販売会社の関係などは，囲い込み型の典型的な例である。系列関係とは，市場で成立する関係よりも長期的で，緊密で，閉鎖的な関係である。ただ，完全には継続的でもなく閉鎖的でもなく，親会社がサプライヤーを能力によって選別したり，サプライヤーも他企業と取引することも可能である。

資本関係によって囲い込みを行う場合もあるが，中核企業のやり方にすべてのメンバー企業を従わせるために，ビジネスプロセスによる囲い込みを目指す場合もある（浜田 2003, 102-104頁）。ただ全社の囲い込みがなされたとしても，中核企業がメンバー企業の株式を100％所有しない限り，時には100％所有したとしても完全に統合化しない限り，完全な囲い込みにはならない。ビジネスプロセスによる囲い込みの場合は，資本関係がないのでSCへの参加は原則上，自由であるが，取引の必要性から結果として囲い込みが行われることになる。例えば，取引を行うためには，業務システム，業務手順などは高度に独自化されたものを採用する必要があり，そのために多額の投資が必要になることもある。それ故，関係を断つことのコストも高いし，別のパートナーを求めることも難しくなる。というのは関係を保つための資産，技能は，その企業との関係のみで有効であるからである。その結果，ビジネスプロセスによる囲い込みが行われれば，特定の相手と長期間にわたり閉鎖的関係を維持していかざるを得なくなる。そしてそのような関係の中で，相互の業務を調整しながら，高い効率性を追求して行かざるを得なくなる。また，独自の業務手順や取引システムが採用されていると，新たに取引をしようとする企業にとっても，参入しようとすれば全面的に事業のやり方を変えなければならないので，大きな参入障壁となる。以上の理由から，日本企業では完全ではないにしても，長期的な関係が築かれてきた。

囲い込み型SCは，個別企業の枠を超えたチェーン全体の立場からのきめ細かな改善がしやすくなるという利点を持つ。また囲い込みは，独特のSCを構築しなければならない時，経営資源が稀少である時に有利である。ただ，資本による囲い込みは，中核企業が囲い込むための十分な資金を有していることが前提であり，ビジネスプロセスによる囲い込みは，囲い込まれる企業がそれに

加わることが有利だと判断することが前提になっている。

　近年，競争のグローバル化や規制緩和・撤廃により，競争がより激しくなり，またそれに伴い，利益構造もダイナミックに変わるようになっている。情報技術も著しい発展を遂げている。このような環境の中で，企業に求められているものは，変化に対応する俊敏性（アジリティ）や適応力である。そのためには何が企業のコアコンピタンスであるのかを見つけ出し，それをさらに強固なものにすると同時に，不採算部門や他社より劣っている部門をアウトソーシングするというビジネスモデルが有利になっている。

　アウトソーシングする企業とされる企業との間は，主従の関係を維持した囲い込み関係になっているものもあるが，対等な関係のものもある。後者のタイプのアウトソーシングのやり方はSCの形態にも影響を与え，SCは囲い込み型ではなくオープン・ネットワーク型になる。このタイプは，取引上の利点を求めて必要であれば連携するが，必要でなくなれば連携を解消するという点が特徴である。これがもう1つのタイプのSCであり，本章ではこのタイプをオープン・ネットワーク型SCとよぶことにする（国領 2001, 97-119頁）。

　オープン・ネットワーク型SCMでは，中核企業が外部との取引に標準インターフェイスを採用し，長期間の継続的な関係ではないが，他企業との提携がしやすい体制をつくることが必要である。そして囲い込みの外にある優秀な企業との間で協力関係をつくり，共同の利益を目指したビジネスの仕組みづくりが重要になる。その提携には，相互補完タイプの提携，劣位部分の他社依存タイプの提携，新分野開拓のための提携がある。オープン・ネットワーク型SCには企業間の密度の違いにより，さまざまな提携関係がある。このほかにオープン・ネットワーク型SCMには，提携を結ばないで，その時々で取引関係を流動化させるものもある。

　以上のようにSCのタイプとして，大きく分けて2種類のものがあると思える。ただ，近年，囲い込み型SCの問題点がよく指摘され，SCのすべてが，囲い込み型からオープン・ネットワーク型になるような主張もある。しかし必ずしもそうではなく，製品の中には部品との関係が複雑であり，開発・生産に企

業間できめ細かく相互調整するための濃密なコミュニケーションを必要にする製品と，製品と部品との関係が単純化しており，インターフェイスが標準化しているために，別々に設計・生産した部品を寄せ集めても問題ないという製品がある。前者のような製品である場合には，囲い込み型が望ましく，後者の場合はオープン・ネットワーク型が望ましいと思われる。そのため，それぞれのSCには長所と短所があり，今後とも両者が並存すると思われる。SCMもそれぞれの特徴に合った管理法を採用する必要がある。

Ⅲ　SCMへのBSCの利用

　SC全体の戦略立案には，社会経済的情報や競争企業の情報に加えて，SCを構成する企業の個別情報やSC全体の情報が必要になる。これらの必要とされる情報には，管理会計情報が多く含まれている。戦略が立案されると，戦略を達成するために，組織目標・戦略を明確に伝達し，管理者の意思決定プロセスを支援・調整し，全従業員を戦略目標の達成へと動機づけることを目的としたMCが実施されることになる。ただ，初めのうちは戦略が明確に示されていないで，MCの実施過程で戦略の創発が起こる場合もある。

　従来から，管理会計はこのようなMCを最もよく担うものと考えられており，その領域での研究はよく進んでいる。それ故，まずMCを構成する活動について述べ，その後でそれを実行するための具体的な管理会計技法の1つであるBSCについて述べることにする。本章ではその手法の有用度が高いMC面に焦点を絞って考察することにする。

　MCを構成する活動として，伊丹敬之教授は，影響活動，直接介入，選別の3つを挙げている（伊丹 1986, 第2章）。これをSCMに関係づけて定義しなおしてみると，影響活動とは，SCの中核企業がメンバー企業の行動前提や要因に働きかけ，中核企業にとって望ましい影響をもたらすようにすることである。直接介入とは，メンバー企業の意思決定に中核企業が直接命令を出して介入することである。選別とは，どのチェーンをどの企業に任せるのがよいか選択す

ることである。

　以上に述べた3つのもののうち，影響活動には各種のものがあり，伊丹教授によれば，情報への影響活動，認識基準への影響活動，下位者の目標への影響活動，代替案への影響活動，結果への影響活動，能力への影響活動が指摘されている（伊丹1986，第2章）。

　それらをSCMに関係づけて説明すれば，情報への影響活動とは，SCメンバー企業の業務情報の取得可能性に影響を与えることであり，例えば，情報共有化を適切に進めることや報告情報の範囲を示すことにより，メンバー企業を全体目標に向けさせるようにすることなどである。認識基準への影響活動とは，メンバー企業に期待される業績水準を，中核企業とメンバー企業との間で確定させ約束させることにより，全体目標に向けさせるようにすることなどである。下位者の目標への影響活動とは，メンバー企業に，SC全体の目標を達成することが自らの目標であるというような意識をもたせることである。代替案への影響活動とは，メンバー企業に代替案の条件や範囲を示すことによって，全体目標へと向けさせる活動である。結果への影響活動とは，典型的にはインセンティブの与え方によって影響を与える活動である。能力への影響活動とは，メンバー企業を教育・訓練することによって全体目標の達成に影響を与える活動である。

　直接介入もSCMに関係づければ，実績のモニタリングを通して，メンバー企業を監視し，必要であれば直接に命令を行う活動である。時には不確実性に直面して注意を払うべき点があれば，その点に関係する付随的情報をメンバー企業から継続的に獲得・監視し，必要であれば介入する場合もある。選別は，メンバー企業を評価し，メンバーから外すかどうかを決定したり，どの企業をメンバーに加えるかを決める活動である。

　以上，MC活動について述べたが，MCはそれらの活動を適切に組み合わせることにより，望ましい戦略の実施を助けることができる。BSCは実施法を工夫することによって，以上のすべての活動に役立つと思われる。BSCの手法は本書で繰り返し述べているので説明するまでもないが，その手法は，戦略

に基づいて，基本的には，財務の視点，顧客の視点，ビジネスプロセスの視点，学習と成長の視点から，具体的目標を設定し，戦略の実施を助ける手法である（Kaplan 1996；吉川 1997）。これらの目標の中には，財務目標と非財務目標，長期目標と短期目標，結果目標とプロセス目標などが，バランスよく含まれていることが重要である。しかもそれらの目標を横に並列して示すのではなく，目標間の因果関係を明らかにし，それに基づいて施策が実施できるように工夫されている。これらの目標ごとの因果関係を考慮して，達成すべき具体的な指標が決定されることになる。具体的な指標の例については後述する。

　BSCはSCのメンバー企業に対して，多指標により戦略上，実行すべきことを明確化するのに役立つことはもちろんであるが，用い方を工夫し，SCの中核企業とメンバー企業の両者の参加の下でBSCが決定されるようにすると，各メンバー企業は，SC全体のBSCの指標を受け入れやすくなる。また，BSCを用いると指標間の因果関係が明確になるので，目標指標を向上するには何をすればよいかということが分かり，意欲的な目標でも受容しやすくなる。これによって，メンバー企業に期待される業績水準に影響を与えたり，メンバー企業が納得してこの指標を受け入れるようになれば，メンバー企業の目標とSC全体の目標を一致させることができる。これは前述の影響活動のタイプでいうと，認識基準への影響活動，下位者の目標への影響活動にあたる。BSCが，基本的な指標のみを示す粗いものであったり，細部にわたる指標までも示す詳細なものである場合もある。この程度は，SCの連結の強さや，権限の委譲度合いの違いによっている。

　しかしSC全体の目標と各メンバー企業の目標が一致しない場合や，目標への一致をより強化する必要性から，BSCに基づいたインセンティブの与え方を工夫しなければならないこともある。BSCによる評価は，因果関係を考慮した多指標による評価を可能にする。しかも因果関係をたどることによって，結果を生じた背後の状況が明確になるので，公平な評価がしやすくなると思われる。これは結果への影響活動に関連している。

　また中核企業を含むメンバー企業全体でBSCを共有することにより，メン

バー企業は，SC全体における自企業の役割や立場が他企業との関係で明確になり，SC全体目標に向かって改善すべきことが分かるようになる。BSCの指標を多くしたり少なくしたりして，共有する度合いを変えることもできる。これは情報への影響活動である。

メンバー企業に対して，BSCの指標を達成するために選択できる代替案の枠を示したり，具体的に選択できる代替案を示したりすることにより，影響活動を行使できる。またBSCの指標間の因果関係や，指標の目標値と実績との比較により，メンバー企業の欠点が明らかになり，この点を教育訓練することによって，結果に影響を与えることもできる。さらに，BSCの指標の達成状況を継続的に監視することにより，直接介入すべき時点やメンバーの組み替えの時期を知ることができる。

以上のように，BSCには，SCにおける戦略を実行する上で望ましい特徴が多く含まれている。次節以降では，SCには既述したようにメンバー間の関係の密度が違ったさまざまなタイプがあるので，そのことを考慮したBSCのSCMへの利用について考察することにする。SCMのタイプとBSCの利用の仕方（説明は次節以降で行う）をまとめたものが（図5－1）である。

(図5－1) SCMのタイプとBSC

	囲い込み型SCM		オープン・ネットワーク型SCM	
効率追求型SCM（メーカー主導型に多い）市場対応型SCM（小売業主導型に多い）	資本関係による長期的な提携	長期的な提携	短期的な提携	一時的な関係
	（長期的関係）中核企業を中心としたSCM 中核企業を中心としたBSC 全体最適型BSC リンケージ・スコアカードの利用		（短期的関係）協力が得られる場合 BSCやリンケージ・スコアカードの利用 （合意形成型）協力が得られない場合 契約へのBSCの利用	（一時的関係）契約へのBSCの利用

104

第5章　企業間SCMへのBSCの利用

Ⅳ　囲い込み型SCMへのBSCの利用

4.1　中核企業による全体最適型BSC

　SCMはオペレーション戦略の一部ではなく，企業戦略を推進・実現するものと解されるべきである。すなわち，事業戦略の中心課題である提供する製品・サービスの種類，対象とすべき顧客，進出すべき地域等は，SC戦略によって決定される。それ故，SC戦略は，全体的な目標である長期的な利益の獲得と連動していなければならない。長期的利益の獲得のためには，すべてのステークホルダーを満足させ，継続的な協力関係を維持しながら，複数の目標間のバランスをとりつつ環境の変化に適切に対応することが必要である。

　BSCによる管理を利用すれば，ステークホルダー全体の利害を考慮することができる。BSCを用いることの利点は，前節で述べた通りである。SCが囲い込み型である場合には，メンバー企業間の関係が緊密であり，中核企業が存在することが多く，その企業を中心としたSCMが実施されることになる。そのためメンバー企業の協力の下で，全体最適型BSCを作成することも可能になる。そしてそれに基づいて，各メンバー企業は全体目標を達成すべく役割が細分化されることになる。序論で述べたように，SCMのタイプを効率追求型SCMと市場対応型SCMに分け，それらに有効なBSCを作成するときに考慮すべき戦略目標の例を示したものが，（表5－1）である。

(表5−1) SCMのタイプと戦略目標

	効率追求型SCMの場合に重視する目標	市場対応型SCMの場合に重視する目標
財務の視点	利益,利益率,EVAの向上 キャッシュフローの増大(スループットの増大) (SC-ROA)の向上	利益,利益率,EVAの向上 キャッシュフローの増大(スループットの増大) (SC-ROA)の向上 売上高成長率の向上
顧客の視点	市場占有率の向上 顧客定着率の向上 顧客満足度の増大 苦情件数の減少	新規顧客獲得率の向上 顧客定着率の向上 顧客満足度の増大 顧客との接点数の増大
ビジネスプロセスの視点	SCサイクル効率の向上 SCコスト目標の達成率の向上 納期厳守率の向上 返品率の削減 在庫削減 在庫回転率の向上 資源の有効利用 TCOの減少	需要に対する迅速でフレキシブルな対応 SCサイクル効率の向上 市場対応コストの削減 売れ残り損失の削減 SCコスト目標の達成率の向上 リードタイムの削減(生産,物流,開発) 製品開発コスト目標の達成率の向上 市場指向の製品開発 新製品開発目標の達成度
学習と成長の視点	従業員満足 安定供給のための情報技術の整備 共有されたデータ数の増大 教育関連投資の増加	従業員満足 迅速な対応のための情報技術の整備 共同開発支援体制の整備 教育関連投資の増加 共有されたデータ数の増大

　キャプランとノートンのBSCは4つの視点から構成されているが,サプライヤー関連のものは,ビジネスプロセスの視点や学習と成長の視点の中で考察されることになる(Ackermann 2003；Brewer & Speh 2000；Zimmerman 2002；皆川 2008, 121−139頁；矢澤 2000, 第11章)。ステークホルダーとしてサプライヤーの視点が特に重要であれば,それを5つ目の視点として加えることがよい場合もある。というのは,SCMのためには顧客(販売先)の視点のみでなく,サプライヤー(購入先)の視点も必要になるからである。それにより,上流と下流

のステークホルダーを分けて考えることができるようになる。またサプライヤーの視点を加えることにより，1層だけでなく，2層，3層のサプライヤーの要求を，明確にその中に加えることができる。さらにその視点を加えることにより，サプライヤーの問題を解決するための施策が，SCメンバー間で共有できることになる。サプライヤーの視点を加え，視点間の関係を示したものが（図5-2）である。

（図5-2） サプライヤーの視点を加えた5つの視点間の関係

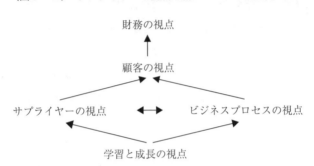

4.2　SCMへのリンケージ・スコアカードの利用

　前項では，中核企業が全SCメンバーとの協力の下，SC全体のBSCを作成できるという場合について考察した。しかしながら，1つの企業がSC全体を担当する場合や，強力な中核企業が存在する場合はともかくとして，SC全体の戦略目標とそれを達成するための指標をBSCで詳細に表し，これをメンバー企業に細部まで理想的な形でブレークダウンすることは難しいと思われる。このような場合には，モービル北米マーケティング＆リファイニング事業部（モービルNAM&R）の利用法が参考になると思われる（Kaplan & Norton 2001；櫻井 2001, 第7章）。もちろんモービルNAM&Rの例は，SCMの例ではないが，サービス提供者とサービス購入者との関係は，SCの中核企業とメンバー企業の間の関係として捉えることもできるからである。しかもこの事例は古い事例であるが，上記のような問題の解決に有効であると思えるので，少し詳しく紹

介し，SCMへの適用について考察してみることにする。

モービルNAM&Rでは，ビジネス・ユニットとシェアードサービス・ユニットの関係の管理に，BSCが利用されている。シェアードサービスとは，組織内の間接業務を集中させ，その組織を独立した組織にすることにより，サービスの向上とコストの削減や利益の増大を実現するマネジメント手法であり，その単位をシェアードサービス・ユニットという。

モービルNAM&Rは，18のビジネス・ユニットと，14のシェアードサービス・ユニットをもった企業である。この企業では，ビジネス・ユニットのニーズにシェアードサービス・ユニットを適切に対応させるために，BSCを採用している。ただ，ビジネス・ユニットとシェアードサービス・ユニットの両者を含む細部にわたるBSCは作成不可能であるので，ビジネス・ユニットは自らの戦略を反映させたリンケージ・スコアカードを作成している。そしてそれをシェアードサービス・ユニットに提示し，スコアカード上の指標の改善を義務づけるようにしている。またこの企業では，シェアードサービス・ユニットに対して，そのユニットのBSCの作成を義務づけ，それにサービス契約を反映させるようにしている。しかし，SCMを対象とする場合には，強力な中核企業が存在する場合以外は，メンバー企業にその企業のBSCの作成を義務づけることは不可能である。もし可能であれば，契約の履行に問題が生じた場合には，BSCの指標をたどることにより原因を追求できる。

リンケージ・スコアカードを用いて，SCメンバー企業を中核企業の戦略目標に向かわせるための手順は，次の通りである。

① 中核企業が戦略に基づいて，SCメンバー企業に対する要求事項（部品，製品の種類や品質に関する要求や，コストや納期等に関する要求）を決定する。

② 中核企業が要求事項に基づきリンケージ・スコアカードを作成し，SCメンバーにそれを提示し，そのスコアカード上の指標を改善することを義務づける。中核企業とSCメンバー企業が協力してリンケージ・スコアカードの作成をする場合もある。

③ SCメンバーに独自のスコアカードを作成させることができる場合には，

第5章　企業間SCMへのBSCの利用

要求事項の具体的内容とSCメンバーの具体的活動との関連が明確になる。不可能であれば，問題が生じた場合，原因の究明を可能にするような手段を工夫させる。

④　中核企業は，SCメンバーからの報告や独自の調査により，リンケージ・スコアカードの指標が達成できているかどうかを常時監視し，問題が生じていれば原因分析し，対策を採らせる。最終的にリンケージ・スコアカードの達成結果に基づいて，SCメンバーを評価する。

このような関係を図で示したものが（図5-3）である。リンケージ・スコアカードには，メンバー企業との業務上の契約内容だけでなく，中核企業のBSCの顧客の視点や財務の視点からも，メンバー企業として守らせたい，あるいは常に意識させたいいくつかの重要な指標を選択し示すことができる。これにより，メンバー企業にも，外部の顧客と株主に対してもある程度の責任を持たせることが可能になる。そのようなリンケージ・スコアカードを作成する際の各目標の例は，（図5-4）のようなものである。

（図5-3）　リンケージ・スコアカード：中核企業とSCメンバー企業での利用

（中核企業）	（SCメンバー企業（サプライヤーの場合））
戦略に基づき自社のBSCの作成。 要求事項を明確にする。 リンケージ・スコアカード（RS）の作成 　合意によって作成する場合 　中核企業が単独で作成する場合　→	RS指標の達成を目指す
RS指標の分析　← 指標の達成状況に問題があれば改善指示　→ 指標の達成結果によるSCメンバー評価　←	RS指標の期中での定期的な報告 期中での改善の実行，改善結果報告書の作成 期末でのRS指標の達成結果の報告
	SCメンバー企業の独自のBSCの作成 ①　義務づけられる場合 　　顧客の視点の中に中核企業の要求が反映される。 　　学習と成長の視点の中に関係特殊的投資の要件が示される。 　　問題が発生した場合には，SCメンバー企業のBSCを調べる。 ②　義務づけられない場合 　　問題が発生した時には原因究明ができるような工夫をする。

(図5−4) リンケージ・スコアカードを作成するための戦略目標の例

中核企業の直接的な要求事項ではない（外部の顧客と株主に対して責任を持たせるための目標）	財務の視点	最終製品（中核企業に提供している部品ではない）の売上高の増加 SC全体利益の増加
	顧客の視点	最終製品の顧客満足度の向上 最終製品に対する新規顧客の獲得
中核企業の直接的な要求事項	ビジネスプロセスの視点	部品の納期遵守率の向上 部品返品率の削減 部品原価削減率の向上
	学習と成長の視点	関係特殊的投資の増大 　（情報技術の充実，人的・物的資源の充実等） 情報共有度の増大

　このように両者間で重要なもののみをリンケージ・スコアカードで共有し合い，その成果は中核企業により評価されるが，実施活動についての細部は各メンバーに任せるような方法がより現実的であるように思える。

V　オープン・ネットワーク型SCMへのBSCの利用

　オープン・ネットワーク型SCMの特徴については第Ⅱ節で述べたが，メンバー間の関係は，協力関係があるとしても囲い込み型SCMに比べて短期的であり，希薄である。メンバー間の関係も中核企業を中心とした関係というよりも対等な関係であることが多い。また，そのタイプのSCMは，既述したように2類型あり，関係はオープンであるが，結果としてメンバー間で短期的な協力関係が生じている場合と，市場取引のようにその時々の状況で自由に取引先を変えるような関係にある場合がある。前者の型のSCMの場合には，メンバー間でいかに合意を形成するかが特に重要であり，そのためには，囲い込み型のようには詳細ではないが可能であれば前節で述べたようなリンケージ・スコアカードの利用も有効であると思われる。ただ囲い込みの場合と違って，メ

ンバー企業にリンケージ・スコアカードの実行や，BSCの作成を義務づけることはできない。あくまで自発的な合意により実施されることになる。リンケージ・スコアカードが作成されれば，それにより達成状況を監視できることになる。

　後者の型のSCMの場合には，適切な契約が重要になる。単一の事項だけの契約，例えば価格についてだけ売買契約をすると，品質，納期等がおろそかにされるという欠点をもつ。それ故，売買を行う企業の望ましい契約は，一般に，価格，品質，納期，サービスの種類，安全性等に関する複合契約であると思われる。その際，売買契約にBSCを用いることができれば，売買を行う企業にとって必要となるそれらの要求のすべてを，具体的に示すことが可能となる。自社が作成したBSCと契約内容の関係を検討すれば，契約における漏れが少なくなる。また，当事者間で契約要件を明確に確認できるようになる。

Ⅵ　おわりに

　本章では，企業間SCMを囲い込み型SCMとオープン・ネットワーク型SCMの2タイプに分け，管理上で注意を払うべき点，具体的管理法について考察した。今後，ますます1社でSC全体を担うよりも他企業と連携した方が有利な場合も多くなると思われるので，企業間をも含むSC全体を考慮に入れた経営が重要になってくると思われる。

　囲い込み型SCは，今までの日本企業が効率性を追求するために進めてきたものであり，これが少し前までの日本企業の強さの要因の1つでもあった。囲い込み型SCではチェーンが決まってくるので，企業間管理に伴う複雑性が入ってくるとはいえ，まだ管理しやすく，管理会計技法も比較的実施しやすいと思われる。しかし，わが国に囲い込み型SCだけでなく，オープン・ネットワーク型SCがかなり浸透してきている。オープン・ネットワーク型SCの場合には，チェーンが囲い込みの場合と比べて固定していないで流動的であり，時には一時的でさえある。その場合には，中核企業の影響力も弱くなるので可能

な限りSCMを強化する必要があると思われる。企業間で緊密な擦り合わせが必要な場合には，囲い込み型SCMが適しており，製品と部品の関係が単純であり擦り合わせが必要でない場合には，オープン・ネットワーク型が適していると一般的には言われている。ただどちらが適しているかは，業務上の効率性によって判断されることになる。

　本章では，SCMは戦略と関係づけて考察する必要があると考え，その管理に具体的に役立つ手法として，BSCの利用を考えた。BSCは戦略の策定と戦略の実施管理のどちらにも有効であるが，本章では実施管理の方に焦点を当て，MCへの利用について考察した。BSCは，財務指標，非財務指標による管理のための大きな枠組みを提供するような手法なので，SCMについての今までの研究成果を取り込めるという利点をもっている。また，BSCをSCのメンバーと共同で作り，その情報を共有し，期中・期末で達成結果について対話や議論を行うことを通じて，企業間の知識創造が可能になると思える。

　BSCの利用の仕方として，囲い込みSCの場合には，中核企業を中心にSCメンバー企業が全面的に協力してSC全体最適型のBSCが作成できる場合と，重要事項のみについては協力し合うがそれ以外の場合はメンバーの自主性に任せるという場合について考察した。後者の場合には，情報の共有も部分的である。このような場合にはリンケージ・スコアカードを用いて重要な業績指標を示し，それを用いて実行状態を監視する方法について述べた。また，オープン・ネットワーク型SCの場合には，短期的ではあるが協力が得られる場合とそうでない場合について考察した。前者の場合には，囲い込みの場合ほど厳密ではないがリンケージ・スコアカードが利用できること，後者の場合には，契約にBSCを利用すればよいことについて述べた。

　ただ本章では，SCMを実施する場合の不確実の要因には焦点を当てなかった。今日の経済環境の下では，事前に設定された目標の実施を監視するだけでは不十分であり，戦略的不確実性に絶えず注意を払い，市場の変化に応じて戦略を調整しながら，環境変化に適応していくことが必要になる。そして戦略的不確実性に対処するためには，管理者は部下の行動に積極的に介入し，インタ

第5章 企業間SCMへのBSCの利用

ラクションを活発に行い,探索活動を活性化するインタラクティブ・コントロールが必要になる。SCMのような企業間管理には,個別企業の管理とは違い,市場環境の不確実性に加え,各企業の環境への対応の仕方に伴う不確実性が加わるので,より多くの戦略的不確実要因が含まれることになると思われる。

　管理会計の分野において,企業間管理を扱ったものが少ないのが現状であるが,企業間管理を適切に行うことにより,大きな成果が期待できると思われる。それ故,企業間管理に管理会計をどのように役立てるかについての研究は,今後の大きな管理会計上のテーマの1つであると思える。

参考文献

Ackermann, I. (2003), "Using the Balanced Scorecard for Supply Chain Management − Prerequisites, Integration Issues, and Performance Measures", Seuring, S, M. Müller, M. Goldbach and U. Schneidewind eds., *Strategy and Organization in Supply Chains*, Physica-Verlag.

Brewer, P. C. and T. W. Speh (2000), "Using the Balanced Scorecard to Measure Supply Chain Performance", *Journal of Business Logistics* 21(1).

Kaplan, R. S. and D. P. Norton (1996), *The Balanced Scorecard*, Harvard Business School Press (吉川武男訳 (1997) 『バランススコアカード:新しい経営指標による企業変革』生産性出版).

Kaplan, R. S. and D. P. Norton (1996), *The Strategy-focused Organization*, Harvard Business School Press (櫻井通晴監訳 (2001) 『キャプランとノートンの戦略バランスト・スコアカード』東洋経済社).

Zimmermann, K. (2002), "Using the Balanced Scorecard for Interorganizational Performance Management of Supply Chains − A Case Study", Seuring, S and M. Goldbach, *Cost Management in Supply Chains*. Physia-Verlag.

浅田孝幸 (2005) 『企業間の戦略管理会計』同文舘出版。

伊丹敬之 (1896) 『マネジメント・コントロールの理論』岩波書店。

國領二郎 (2001) 『オープン・ネットワーク経営』日本経済新聞出版社。

西村裕二 (1999) 「需要創造型サプライチェーンのマネジメント」,ダイヤモンド・ハーバード・ビジネス編集部編著『サプライチェーン理論と戦略』ダイヤモンド社。

浜田和樹 (2003) 「企業間管理の重要性と管理会計」,門田安弘編著『組織構造と管理会計』税務経理協会。

浜田和樹 (2005) 「企業間管理への管理会計の役割:SCM, ECMの財務・非財務指標による管理」,門田安弘編著『企業価値向上の組織設計と管理会計』税務経理協会。

矢澤秀雄 (2000) 「SCMにおけるコストマネジメント」,阿保英司,矢澤秀雄『サプライチェーン・コストダウン』中央経済社。

第6章 SCMへのTOCの適用
：その意義とBSCを用いた展開

I はじめに

　制約理論（Theory of Constraints：TOC）は，あらゆるシステムが少なくとも1つの制約をもっていると考え，それらの制約の中からボトルネックとなっているものを発見し，それを改善することで，全体的最適を目指す理論である。TOCは制約条件の理論ともよばれている。そしてTOCでは，スループット（販売を通して獲得される資金額であり，一般的に，売上高マイナス直接材料費で計算される）の増大，総投資（設備や在庫等に投資している資金額）の低減，業務費用（在庫をスループットに変えるために使う資金額）の低減を目標としており，この中で特に，スループットの増大を重要なものとしている。

　このTOCは当初，生産部門，企業内での管理のために利用されてきたが，近年，企業間管理の重要性が認識されるにつれて，個々の企業の枠を越えた管理にTOCが有用であるという研究も数多くなされている。

　TOCの特徴については多くの研究がなされているので，その理論を詳細に解説するのではなく，本章では，企業間管理の重要なテーマの1つであるSCMを採り上げ，TOCの適用について考察する。TOCの基本的特徴については，章末の（補論1）を参照してほしい。また本章では，自社であるメーカーを中心に置き，その立場からみたSCの最適化について考察する。

　具体的には，まずSCMにTOCを適用することの意義を述べ，スループットを増大するためには，供給面のみを重視した効率追求型のSCMだけでなく，顧客情報を企業内に取り込むDCを適切につくり上げる必要があることについて述べる。次に，SCMの管理にはスループットという財務指標が有用である

ことを述べ，それを高めるためには，非財務指標と関連づけることが重要であることを指摘する。TOCの「思考プロセス（Thinking Process）」の理論は，組織が目標達成のときに，本質的な問題を発見し，それを解決するためのプロセスを示す理論であるが，制約を解消するために，まさにスループットと非財務指標で表される改善点との関連を考察したものとも解釈できる。このように解釈すると，思考プロセスの理論は，スループットの増大と非財務指標との間の因果関係を考察する時に有用であると思われる。

また本章では，以上の考察に基づき，TOCの主要指標についてSCMの立場から説明した後，企業の戦略と整合性を持たせるようにTOCが展開されなければならないことを主張する。そしてその実施には，主要指標の下位目標への展開が必要であることを述べ，BSCによる管理をその有効な手法と考え，論を展開する。さらに，BSCによく似ており，日本において研究され，一部の企業において実施されているTP（Total Productivity）マネジメントを採り上げ，その特徴がSCMにいかに有用であるかについて考察することにする。

II SCMへのTOC適用の意義

今日，企業経営は顧客が望んでいるものをタイミングよく供給することが重要であるが，そのためには環境を常に監視しながら，環境変化に応じて最適な生産，販売を行い，資源配分を迅速に変えていくことが必要になる。そのためには，業務や部門および企業内の最適化を目指しただけでは，市場への対応が遅くなったり，部分最適になる可能性があり，SC全体を視野に入れ，ものの流れ，情報の流れ，金の流れを管理することが有利になる。SCMはこのような管理を目指しており，これにより，部門や企業単位の最適化では得られない改善効果が期待できる。

SC全体の最適を目指すということは，SC全体を1つのものと見なすことを意味する。それ故，SCMの基本前提は，チェーン内をものが流れても，商品が最終消費者の手に渡るまで売上は実現しないということであり，チェーン内

第6章　SCMへのTOCの適用

のものの移動は単なる数字の付け替えにすぎず真の利益は生み出されていないということである。このことは，真の利益を獲得するためには，生産から最終消費者に売られるまでのスピードが，特に重要であることを意味している。

　このスピード経営に適した理論として，TOCがあり，その理論の依ってたつスループット会計がある。スループット会計の特徴については，章末の（補論2）を参照してほしい。スループット会計では，利益は一般に，

　　利益＝(売上高－直接材料費)－業務費用＝スループット－業務費用

で算定される。「一般に」という用語を用いた理由は，上式ではスループットの算定において，売上高から控除するものとして直接材料費だけを考えているが，これ以外のものも含めてよいからである。ある会社では売上高から控除されるものを製品に直接割り当てられる原価とし，直接材料費のほかに，材料取扱費やスクラップ費のような材料関連コスト，そのほかに段取り費，スケジューリング費等を控除したり，ある会社では直接労務費の一部を控除している例もある。SCMに適用する場合には，売上高は最終消費者に販売された額になる。またSC内で発生する人件費や工場経費は，業務費用とされ，製品に配賦されない期間費用である。この算式によれば，最終消費者が買ってくれない製品を生産すれば，そのために発生した人件費や工場経費は，その分だけ利益を下げることになる。ただ，直接材料については，諸種の見解があるが，一般には，販売されないで残った在庫分は，直接材料勘定で繰り越されると考える。そして，売上高から控除される直接材料費は，製品単位当たり直接材料費に販売量を乗じて求められることになる。それ故，売れない製品を生産したとしても，単位当たり直接材料費が変わらないとすれば，売上高マイナス直接材料費の額は一定となる（浜田 2000）。

　以上のように，人件費と工場経費を期間費用として扱うことにより，スループット会計における利益をあげるためには，売れる製品をすばやく感知して生産活動に反映し，在庫を少なくしてリードタイムを短縮し，業務費用を節約し，

材料費を短期間のうちに最終消費者への売上に結びつける努力が必要になる。これはまさにTOCが目指す方向であり，SCMに適した考え方であるといえる。

スループット会計における利益は，伝統的な会計上の利益よりも加工されていない生のデータに基づいて算定される度合いが高い（櫻井1998）。このことは，SCMに有利である。というのは，SCMでは他企業の数値をも知ることが必要になるが，それぞれの企業で会計方針が異なっていることが多く，その方針を反映した利益や原価よりも加工されていない生のデータによる分析の方が望ましいからである。

SCMにTOCを適用して考察すれば，スループットの増大にまず焦点を当てることになる。しかし，SCにはSC全体のスループットを決めているボトルネックがある。このボトルネックとなっているものが100％活用されなくなった場合，SC全体で製品は全く流れなくなり，また時間に限ってみても，ボトルネックとなっている箇所での1時間の損失は，SC全体でみても1時間の損失になる。それ故，このボトルネック制約を見つけ，解消したり，緩めたりすることによって，スループットを増やすことができる。このボトルネックの発見，解消，緩和によるスループットの増大が，TOCの最大の特徴でもある。

ボトルネックとなっていない制約は，仮にそれが時間であれば，その時間を失ったとしても，まだ余裕がある限り追いつく時間があるので，SC全体の業績に全く影響を与えない。またボトルネックでない箇所で，限度一杯まで時間を消費して活動するとすれば，ボトルネックの箇所における在庫の山をつくるのみである。それ故，ボトルネックとなっていない制約は，全体のスループットの額には影響しないので，その点に関する限り，当面の間は考察の対象外にできる。

製品の選択問題などでボトルネックとなっている制約がある場合には，制約1単位当たりのスループットの額を計算し，それに基づいて決定をすることが重要である（浜田1998）。

簡潔に表現すれば，ボトルネックとなっている箇所によって非ボトルネックの箇所での活動が決定され，非ボトルネックの箇所によって，ボトルネックの

箇所での活動が決定されるのではないということである。

　また，ものがボトルネックを通過していない場合の失敗や間違いは，是正する余裕時間がある限り問題ないが，ものがボトルネックを通過した後の管理には，十分な注意を払う必要がある。というのは，ボトルネック通過後，何らかの原因で失敗が生じたのであれば，是正行動をとるためには，もう一度ボトルネックを通過しなければならないからである。

　TOCでは，スループットをこれ以上，増やすことができなければ，この状態に合わせて，総投資，業務費用を削減することを目指す。SCMへの適用でも，スループットの最大をもたらす状態に合わせて，SC設備投資の削減，SC関係部門・企業間の在庫の削減，効率化による業務費用の削減を目指すことになる。

　以上，SCMへのTOCの適用について述べてきたが，それが適切に機能するためには，部門間や企業間で，Win-Winの関係が構築されるような体制づくりが必要になる。そのためには，TOCの適用により生じた成果を，部門間，企業間で公平に配分する方法が工夫されなければならない。

Ⅲ　スループット増大のための統合DSCM

　TOCではスループットの増大，総投資の低減と業務費用の低減が目標であるが，従来のSCMは，第2章で述べたように市場への素早い対応を目指すタイプもあるが，主としてボトルネックに焦点を当て，供給サイドのプロセス改善に取り組んできた。すなわち，いかに効率的に設備を利用したり在庫移動を達成するか，また，いかにすれば人件費や経費を節減できるかに焦点が当てられてきた。

　具体的には，①在庫拠点をできるだけ少なくし顧客へのダイレクト配送を行う，②市場にできるだけ近い流通拠点で最終製品に仕上げる，③販売・在庫・生産実績の共有化を図る，④一気通貫した販売・在庫・製造・仕入計画を立案する仕組みをつくること，などの対策が採られてきた。

　しかし，効率追求型のSCMだけでは，スループットの増大を達成すること

はできない．スループットの増大には，経営効率の向上による売上高の増大，直接材料費の削減も重要であるが，それよりも顧客の要求に応えて売上高を増加させることが必要である．そのためには，顧客からの意見を汲み上げ，SCメンバーにそれをフィードバックし，できるだけ早くニーズに合った製品・サービスに改良し，顧客に提供することが必要となる．すなわち，第2章でも述べたように，顧客情報を取り込むDCの確立と，それをSCMと統合させる統合DSCMが必要になる．また顧客ニーズに合った製品を提供する際に，SC全体でどこにボトルネックになる箇所が生じるかどうかを明らかにしなければならない．この点は非常に重要な問題なので，次節で詳しく述べることにする．統合DSCMについての詳細は，第2章を参照してほしい．

Ⅳ ボトルネックの発見・改善のための「思考プロセス」の利用

前節では，DCによって得られた顧客の要求を実現しようとするとき，それを阻む制約条件を発見したり，それを解決したりする手法について検討しなかった．SCに関係する制約は数多くあり，生産・販売・物流等の制約，顧客に関係する制約，各企業の方針や規定や慣習に関するものなどがある．本節では，それらの制約のうち，ボトルネックになっているものの発見と改善のための手法について考察する．

E. M. ゴールドラットは，TOCにより生産部門の改善をしたにもかかわらず，売上の増大がなされなかったがために生産部門のレイオフや，生産部門の改善が停止に至ったことを知り，「思考プロセス」という一連の手法を考案した．この思考プロセスの手法は，一言でいえば，前述したように問題を認識し，全体最適を実現する手段を探る系統的な方法であり，生産面に制約があろうと販売面に制約があろうと，制約条件を克服する手法である．この手法はSCに制約があるときにも，利用できる有用な手法であると思われる．

思考プロセスの一連の手法は，「現状問題構造ツリー（Current Reality Tree）」，

「対立解消図（Evaporating Cloud）」,「未来問題構造ツリー（Future Reality Tree）」,「前提条件ツリー（Prerequisite Tree）」,「移行ツリー（Transition Tree）」の5つのものから成り立っている（Noreen, Smith, Mackey 1995；稲垣 1997）。その詳細については解説書に譲ることにして，本章ではその特徴のみ示すことにする。

　現状問題構造ツリーは，まず問題点を列挙し，それらの問題点の間の因果関係を分析することから始める。そしてこの分析をもとに，問題点の中核となる問題を明らかにするという手順を採る。対立解消図は，中核問題を反転することから始める。中核問題を反転すると，中核問題が解決された状態になる。それを目的にして，そのための必要条件を列挙し，必要条件の前提条件を考察する。そうすると，必要条件は矛盾しないのに，前提条件の間に矛盾が見つかる。そしてこの矛盾を解決するための策を考案するという手順を採る。未来問題構造ツリーは，解決策を現状問題構造ツリーにもどしてみて，問題が確実に解決するかどうか，新たな問題が発生しないかどうかを見る手法である。前提条件ツリーは，解決策を実行する上での障害を明らかにし，それを克服する中間目的を展開する手法である。移行ツリーは，中間目的を達成するためには何をどの順番で行えばよいか，というような実行計画を考える手法である。

　このような思考プロセスの手法は，根深い対立関係にある複雑な問題に対して，妥協案ではないブレイクスルー案を考え出し，それを実施案までおろす手法である。しかもその過程は論理的に示されるので，関係者のコンセンサスを得ることを容易にする。これら一連の手法は，TQC（Total Quality Control：全社的品質管理）のために考案された新QC（Quality Control）七つ道具とよく似た性質をもつものであると思われる。新QC七つ道具のより詳しい説明は，章末の（補論3）を参照してほしい。

　思考プロセスの手法により，スループットを増大させるために解決しなければならないSCに関係する内外の制約が明らかになり，この制約を解消ないし緩めるために達成しなければならない実施目標が明らかになる。SCに関係する制約の発見やその解決は，個別企業の場合よりも難しく，企業間の情報の共

有化やSCメンバー全体で解決を行うためのシステムづくりが重要となる。スループットを増大させるための実施目標として，財務目標と非財務目標があるが，特に後者のものがほとんどであると思われる。しかも，それらの各種目標間には，思考プロセスの手法により，因果関係があることが明らかになる。

すなわち，ゴールドラットが思考プロセスとして提案した一連の手法は，スループットという財務目標を達成するために考慮しなければならない非財務目標との因果関係を明らかにする手法と位置づけることができる。思考プロセスの手法を適用することにより，スループット最大化という視点で，水面下の課題を発掘して克服する真の問題解決が可能になると思われる。

V TOCを実施する時の注意点・課題

TOCは，主要評価基準をスループットとし，ボトルネック制約の克服を通じて，全体最適を目指す手法である。というのは，全体的観点から制約に焦点を当てるからである。部分的に見れば，ある制約がボトルネックであったとしても，全体的に見ればその制約ではなく，他の制約がボトルネックであるかもしれないからである。業績を向上させるためには，部分的でなく，全体的視点からの考察が重要となる。1つのあるボトルネック制約が克服されれば，また新たなボトルネック制約が現れ，これの克服を目指すことになる。そして，この過程を継続することにより，徐々にスループットが増大することになる。

ただ，TOCの研究は前述したように3つの目標をもつとしながらも，スループットの増大が特に重要であるとして，これを増大させるためのボトルネックの解消，緩和についての理論展開が中心になっている。しかしむしろ今日のような低成長や不況の時代には，売上高の増加があまり期待できないので，SC全体を考慮に入れた業務費用や資産の効率的利用によって利益を獲得することも必要になる。それ故，スループットの増大だけでなく，それらの目標をも同時に考慮に入れた施策が必要になる。

ボトルネックの対策もスループットの増大だけではなく，業務費用の削減や

第6章　SCMへのTOCの適用

資産の効率的利用に関しても採られる必要がある。TOCにおける思考プロセスという一連の手法も，スループットの増大のみを対象としているような印象を受けるが，3つのTOCの目標を達成するために利用すべき手法であると理解すべきである。SCMにこの思考プロセスの手法を適用する場合には，企業間のモノ，カネ，情報の流れを妨げている要因に，特に焦点を当てることが必要になる。

　またTOCは，基本的には，戦略的かつ長期的視点に立った改善を通しての全体最適を達成する手法ではなく，短期的な視点に立った問題発見・解決の手法であるといわれている。そのため，研究も短期的視点に立ったものがほとんどである。筆者も以前，短期的な視点のみからTOCを研究していた。これは，TOCが直接材料費以外のものをすべて固定費としていることからである。長期的には，固定費と考えられるものは数が少なくなり，さらに対象期間を長くすれば，究極的には固定費がなくなるからである。

　しかし，TOCの基本的考え方を拡張して，長期的な視点からスループットの増大を考えることも重要で，業務費用や投資額の削減もそのような視点から考えてみる必要があると思われる。特にSCMを対象とする場合には，企業間の関係が重要となるので，長期的な視点からの考察も重要になる。業務費用は短期的に固定した費用であるからといって，長期的に管理の対象から除外してよいということではないと思われる。すなわち，TOCが前提としている利益算定式は，その時々で成立している算式であるが，長期的には構造的変化があると解釈すべきである。この長期的な構造変化も，TOCで考察する必要があると思われる。このことは，スループット概念はキャッシュフローに近い概念であり，キャッシュフロー重視経営が短期的視点だけを重視した経営でなく，企業価値重視経営と関係するということであれば，むしろ長期的視点に立っているというのと同じである。

　このことから，TOC主要指標を戦略的で長期的な視点から改善する方策を考察することは重要であると思い，次節でそれについてSCMと関係づけて考察する。適切な関係づけにより，SCMのスピードを重視した短期的な視点と，

構造変化を生む戦略的・長期的な視点が，同時に考慮されることになる。

VI　TOC主要指標を高める具体的施策とBSC

前節で，スループットの増大，業務費用の低減，総投資の低減の3つの目標を同時に，しかも短期的視点と長期的視点の両者から，考慮しなければならないことを述べた。

スループットの増大は，顧客を満足させ，売上高を増加することによって達成される。顧客満足は適切な価格で顧客の望んでいるものを提供することで達成され，満足をもたらす考慮すべき要因として，製品そのものの革新性，品質，納期，サービス等がある。顧客の要求を満たすためには，社内プロセスが迅速に，柔軟性をもって対処できるようになっていることが必要で，顧客ニーズやその変化を知るためには，DCの確立も必要になる。DCを効率よく機能させるためには，顧客が情報を発信しやすくさせる工夫や，顧客情報の蓄積と解析を可能にするシステムづくり，顧客とのコラボレーションも有効である。

またスループットの増大は，直接材料費の削減によっても達成される。そのためには，有利な購入先の検討が必要になる。もちろん直接材料費のみを下げるのではなく，企業全体的観点から，所有に係わる全原価（Total Cost of Ownership：TCO）を考慮する必要がある（キャプラン，クーパー 1998，第11章）。この場合のTCOには，購入価額のみでなく，材料副費，この材料をもつことによって生じる評価損，仕損じ，その他の機会費用が含まれている。新製品の開発段階における原価の作り込み等も，直接材料費を削減する大きな手段となる。

業務費用の低減は，労務費の削減，工場経費の削減，SCを見直すことによる販売費・物流費の削減，一般管理費の削減によって達成される。また，製品のライフサイクルの短い製品を扱っている情報処理関連企業などは，売れ残り製品に関する評価損や売却損の削減も，考慮すべき重要な要因である。SCMとして，在庫拠点をできるだけ少なくし顧客へのダイレクト配送を行ったり，

共同物流センターを利用したり，取引システムを単純化したりして，コスト削減に努めている企業もある。

　総投資の低減は，在庫回転率を向上させたり，設備の効率的利用等の資産の有効利用によって達成できる。また，開発効率を上げたり，生産のリードタイムの削減によっても達成できる。企業によっては，販売・在庫・生産の実績データと計画データの共有化を図り，在庫削減に努めているものもある。アウトソーシングやシェアードサービスの有効利用により，設備等の削減に努めている企業もある。

　以上のように，短期的・長期的にTOC主要指標を改善するために目指すべき具体的な下位目標・施策は多元的とならざるを得ない。しかも施策選定の基準となる目標指標の中には，財務的なものと非財務的なものの両者が含まれることになる。それらの指標の改善を長期的な視点から考えるとすれば，戦略との関係が重要になる。

　またTOCは，本来，ステークホルダー（主として，株主，顧客，従業員）全員の立場から見た全体最適を目指す手法ではない。今日では，ステークホルダー全員を満足させることが，重要な課題となっている。SCMを考える際にも，このことは重要な意味をもっていると思われる。各種のステークホルダーを考慮に入れると，目標は多元的とならざるを得ない。そのような状況では伝統的なTOCの考え方では限界があり，多元的目標を前提とし，目標間の因果関係や補完関係を考慮に入れた管理法を考案することが必要となる。第Ⅳ節で述べた思考プロセスは，スループットという財務指標を増大するための非財務指標との関係を明らかにするために利用できるとして論を展開してきた。もちろん，ゴールドラットは思考プロセスの手法をスループットを増大するために考察したが，この思考プロセスの手法そのものは，どのような問題解決にも役立つ手法である。

　各種のステークホルダーの目標を考慮に入れ，しかも戦略と整合性をもたせる手法として，BSCの手法がある。この手法は今までの章で何度も述べているので説明するまでもないが，戦略に基づいて，財務の視点，顧客の視点，ビ

ジネスプロセスの視点，学習と成長の視点から，具体的目標を設定し，戦略を実施する手法である。これらの目標の中には，財務目標と非財務目標，長期目標と短期目標，結果目標とプロセス目標などが，バランスよく含まれていることが重要である。しかもそれらの目標を横に並立して示すのではなく，目標間の因果関係を明らかにし，それに基づいて施策が実施できるように工夫されている。TOCの考え方は，BSCによる管理を実施する際の，理論的に見てどの点に重点を置くべきかを明らかにするための重要な情報を与える。その意味で，TOCとBSCによる管理は補完関係にあるといえる。

　TOCに基づいたBSCによる管理をSCMに利用するとすれば，財務の視点として，売上高の増大，スループットの増大，過剰投資の削減，ロジスティクス・コストや業務費用の削減等が，顧客の視点として，注文充足度の向上，クレーム件数の減少，納期達成率の向上，顧客満足度の向上等が，ビジネスプロセスの視点として，在庫回転期間の短縮，スループットタイムの短縮，プロセスの安定性，共同購入・共同物流の実施度，チェーン内での情報収集と処理の標準化の度合，情報の共有の度合等が，学習と成長の視点として，従業員の能力の向上，従業員満足度の向上，情報処理技術インフラ整備の度合，関係特殊的投資の実施度等が，考慮すべき重要な目標となる。

Ⅶ　SCMの目標・施策展開に役立つTPマネジメント

　TPマネジメントは秋葉雅夫教授が考案した管理法であり，"Total Productivity"という用語が意味しているように，企業全体のベクトルを合わせ，生産の体質を革新的に伸し，目標を効果的に達成するための生産管理の手法である（秋葉 1994）。そのためBSCのように，もともとは戦略管理の手法ではない。しかしながら，この手法は経営目標を総合的に達成しようとすることを目指しており，BSCによく似ている面を持っている。BSCの下方展開も近年よく研究されているが，目標展開，施策展開にはBSCよりも詳細で有効であると思える。そのため，SCMのために必要な目標をBSCにより設定し，それを

第6章　SCMへのTOCの適用

下方展開する手法としてTPマネジメントを用いると、実施しやすいように目標・施策が下方展開できる。その1つの基本型は（図6-1）のようなものである。1つのという言葉を用いたのは、各企業が最も適するように型を変えればよいからである。そしてその特徴は（図6-1）に示されるように、目標設定、目標展開、施策選定、実施計画、成果獲得の5つのプロセスが中心となっている。

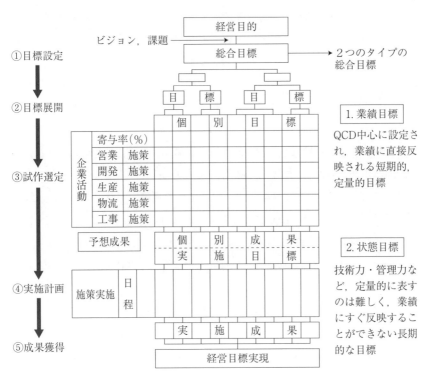

（図6-1）　TPマネジメント5つのステップ

（出典）　武中和昭（2002）「製造業再生へ導くTPマネジメント」『JMAマネジメントレビュー』
　　　　第8巻、第6号、11頁。

TPマネジメントにおける総合目標には2つのタイプがあり、業績目標と状

態目標（体質目標）である。そしてそれらの目標が，階層図を用いて論理的，具体的に展開されることになる。また考えうる施策も，階層図を用いて展開されることになる。階層図を用いることにより全体が俯瞰できるようになるのでもれが少なくなり，目標間，施策間の関係が明確になる。また目標と施策の関係をマトリックスで展開するために，複数の項目と複数の項目の関係が明確になり，全体の構成を一目で把握できるようになる。このことは，全体的視野に立った施策の決定をやりやすくするのに役立つ。

図中の寄与率とは，個別目標の達成が総合目標の達成に寄与する割合のことである。これを利用して，日ごと，週ごと，あるいは月ごとの達成状況の総合評価が可能になる。また，現場の活動の総合目標に与える影響をタイムリーに知ることができるようになる。財務目標が総合目標として与えられていれば，寄与率により，非財務指標で測られた日々の現場の活動が，財務目標にいかに影響を与えているかの値が求まることになる。

TOC主要指標を達成する目標・施策を検討するために，TPマネジメントを採用すれば，下位目標間，目標と施策間の因果関係と横の関係がより明確になり，問題点が生じた場合にも，その対策が検討しやすくなる。

以上のようにTPマネジメントは，組織全体の目標をバランスよく達成することを目標としており，BSCによく似ている管理法である。そのうえBSCは，戦略目標を達成する指標を考案し，その達成を目指す管理法であったが，指標の下位への展開が重視されるようになると，ますますTPマネジメントと類似するものになっている。もちろん焦点の置き方が異なっているので相違点もあり，TPマネジメントは，外部のステークホルダーの多様な要求を考慮に入れるという認識は薄く，また目標展開において目標間の因果関係が考慮されるとはいえ，財務指標を達成するために非財務指標があるという発想は基本的にはない。しかし，TPマネジメントは，もともと生産管理に重点を置いて経営工学的発想のもとに発展してきたものであり，詳細な目標展開，施策展開を実施するフレームワークとしては，BSCより優れている面も多いと思われる。TPマネジメントのより詳しい特徴は，章末の（補論4）を参照してほしい。

第6章　SCMへのTOCの適用

Ⅷ　おわりに

　本章では，TOCをSCMに適用する場合の利点，注意点等について多面的に考察してきた。今後ますます，SC全体を考慮に入れた経営が重要となると思われる。TOCがSCMに有用である最大の理由は，その理論がスピード経営に役立つことと，全体最適を目指す理論であることである。また基本的に，ボトルネックの解消によるスループットの増大が目標という簡単な理論に基づいており，実務に応用しやすいということからである。

　本章では，スループットを増大させるためには売上高を増やさなければならないので，効率追求型のSCMからDCを導入したDSCMの必要性を述べた。またSCMを具体的に実施する場合には，TOCの思考プロセスの手法やBSCによる管理を組み合わせて利用することが有用であるので，その利用法について考察した。

　また，今までのTOCは，スループットの増大があまりにも強調され，それ以外の業務費用の低減や総投資の低減についての検討が疎かにされてきたと思われる。それ故，本章では，TOCの3つの目標を同程度に重要と考え，論を展開した。またTOCは短期的思考に立つものといわれているが，その時々の構造は長期的要因によって決定されていると考え，戦略と下位目標・施策が整合性をもたせる方法について考察した。その方法として，本章ではBSCの利用を考えた。

　また本章では，目標・施策展開に役立つ手法としてBSCとよく似たTPマネジメントを採り上げ，その特徴について考察した。TPマネジメントはBSCと同様に，企業の全体的立場からの戦略全体を視野に入れ，目標と施策を総合的に検討できる管理法である。SCMも企業の戦略目標に関わらせて考察することが必要であり，施策決定には戦略全体との関係が重要である。このTPマネジメントは，各種の戦略目標や戦略的管理法との相互関係を考慮しながら，より詳細に目標・施策展開できる手法であると思われる。

本章で考察したSCは，人的資源，販売チャネル，サプライヤー関係等を自社の占有資源として囲い込むことによって発展してきたSCを対象としている。すなわち，チェーン全体が，自社を中心として確定されたものであり，チェーンの組み替えがないようなSCを対象とした。このようなSCを対象としたSCMは，チェーンが決まっているので，企業間管理の複雑性が入っているとはいえ，まだ管理しやすく，管理会計技法も比較的展開しやすいと思われる。

前章でも述べたように，このタイプのSCのほかに，オープン・ネットワーク型でチェーンが確定されていないものもあり，徐々にこの傾向が進んでいる企業もある。オープン・ネットワーク型SCとは，外部との取引に標準インターフェイスを採用することにより，他企業と提携しやすい体制をつくり，自由かつ対等な企業間ネットワークを前提としたSCである。そこでは，各企業は自社の得意とする事業領域に特化し，得意でない分野をアウトソーシングするというようになる。このようなオープン・ネットワーク型SCに変化すれば，Win-Winの関係の構築がより重要なテーマとなり，管理会計の分野においても重点を当てる箇所，手法の適用の仕方が変わってくると思われる。このような点についての考察は，今後の管理会計の重要な課題の1つになると思われる。

参考文献

Goldman, S. L. Nagel, R. N. and K. Press (1995), *Agile Competitors Strategies for Enriching the Customer*, Van Nostrand Reinhold, 野中郁次郎監訳，紺野登訳（1996）『アジルコンペティション』日本経済新聞出版社。

Goldratt, E. M. and J. Cox (1986), *The Goal : A Process of Ongoing Improvement (revised edition)*, North River Press.

Horngren, C. T., Foster, G. and S. M. Dater (1997), *Cost Accounting : A Managerial Emphasis*, Prentice Hall.

Kaplan, R. S. and D. P. Norton (1996), *Balanced Scorecard*, Harvard Business School Press, 吉川武男訳（1997）『バランススコアカード』生産性出版。

Noreen, E., D. Smith and J. T. Mackey (1995), *The Theory of Constraints and Its Implications for Management Accounting*, The North River Press.

秋葉雅夫（1994）『TPマネジメントの進め方』日本能率協会マネジメントセンター。

秋葉雅夫（1996）「TPマネジメントとは何か」『JMAマネジメントレビュー』第2巻，第3号。

第6章　SCMへのTOCの適用

浅田孝幸（2001）「TOC理論とスループット会計」『企業会計』第53巻，第1号．
アンダーセン・コンサルティング，ジョン・ガトーナ（2000）『サプライチェーン戦略』東洋経済新報社．
稲垣公夫（1997）『TOC革命』日本能率協会マネジメントセンター．
圓川隆夫（1999）「制約条件の理論が可能にするサプライチェーン」，ダイヤモンド・ハーバード・ビジネス編集部編『サプライチェーン理論と戦略』ダイヤモンド社．
大塚裕史（1999）「制約理論（TOC）による生産工程と二つのスループット会計」『企業会計』第51巻，第6号．
川喜田二郎（1992）『発想法』中公新書．
キャプラン，R. S.，R. クーパー著，櫻井通晴監訳（1998）『コスト戦略と業績管理の統合システム』ダイヤモンド社．
櫻井通晴（1998）「キャッシュ・フロー経営の意義」『企業会計』第50巻，第8号．
島田美智子（2001）「スループット会計における原価計算プロセス」『會計』第160巻，第2号．
新QC七つ道具研究会編（1986）『やさしい新QC七つ道具：TOC推進のための』日科技連．
菅本栄造（1999）「制約理論と管理会計の関連性：制約理論を管理会計の立場からいかに認識するか」『企業会計』第51巻，第6号．
竹中和昭（2002）「製造業再生へと導くTPマネジメント」『JMAマネジメントレビュー』第8巻，第6号．
西村裕二（1999）「需要創造型サプライチェーンのマネジメント」，ダイヤモンド・ハーバード・ビジネス編集部編『サプライチェーン理論と戦略』ダイヤモンド社．
浜田和樹（2000）「バックフラッシュ・コスティングとスループット会計」，門田安弘編著『管理会計学テキスト（第2版）』税務経理協会．
浜田和樹（1998）『管理会計技法の展開』中央経済社．
水野　滋監修，QC手法開発部会編（1991）『管理者，スタッフの新QC七つ道具』日科技連．
宮本匡章（1998）「管理会計技法の伝承とその発展をめぐって：TOCに関連して」『企業会計』第50巻，第1号．
門田安弘（1998）「JIT生産のもとでのスループット会計の拡張：ボトルネック別貢献利益法の提案」『企業会計』第50巻，第2号．
矢澤秀雄（1999）「制約理論（TOC）の意義と管理会計上の諸問題」『企業会計』第51巻，第6号．

補論1　TOCの特徴

TOCは1980年代に，ゴールドラットによって展開された理論である．本論

にも述べたように，この理論は問題解決のために，制約の中からボトルネックとなっているものを発見し，それを改善することで，全社利益の最大化を図ることができるという理論である。

TOCでは，その組織目標として，スループットの増大，総投資の低減，業務費用の低減が考えられている。

　　スループット……販売を通して獲得する資金額
　　総投資　　　……設備や在庫等に投資している資金額
　　業務費用　　……在庫をスループットに変えるために使う資金額

そしてこれらの中で，スループットの増大を最も重要な組織目標と考えている。また本論の算式からも分かるように，TOCは基本的には，スループットの額によって企業の利益額が決定されるという考え方に立っており，直接材料費以外の費用はすべて固定費と考えている。このことが，TOCの最大の特徴である。

S. L. ゴールドマン，R. N. ナーゲル，K. プレスは，「今日の大多数の企業では，生産分担量が多様化しているため，唯一の変動費と言えるのは，生産される製品の原材料だけだ。製品に変更があっても，直接労働も間接労働も，新たに雇用もされなければ，解雇されることもない。これは，労働者を貴重な資産と考える俊敏性の世界では，さらに真実だ。製品構成が一定の間は操業費用も一定だし，操業費用によって製品構成が変わることもない。それ故，あたかも生産プロセスの中で製品に金銭価値が付与されるかのように測定する必要はない。どんな製品構成であろうと，操業費用（真に変動的な費用は含まない）は一定となるだろう。」（野中監訳［1996］，370頁）と述べている。ここでの操業費用という用語は，本章でいう業務費用という用語と同じ意味である。

このような見解は短期には多くの妥当する場合があると思われる。その点から，TOCは短期のことのみに焦点を合わせ，直接材料費以外の費用をただ回収されるだけのものと考えているという批判がある。すなわち，企業の長期的利益の最大化を考慮していないという批判である。ただ本章では，TOCが長期的にも有用であるとして論を展開している。

一般にTOCはスループット会計に依存し，スループット会計は直接原価計算の新展開と考えられている。ただ，櫻井通晴教授はそれを認めたうえで，TOCとスループット会計について，「TOCでは企業目的が金儲けで，具体的にはキャッシュ・フローの増大にあるとしていることが注目されるべきである。なぜか。それは製品原価算定も従来のように社内的に処理できる問題だけではなく当該製品をアウトソーシングすべきか否かといった戦略上の問題に対処しなければならない。その際最も信頼できる数値は，会計上の利益ではなくキャッシュ・フローだからであるように思える。そこにこそスループット会計の本質を見い出す必要があるのではないかと考える。」（櫻井［1998］，40頁）と述べ，キャッシュフローの側面を特に強調している。

　また宮本匡章教授はスループットの意味について，「付加価値計算の控除法で売上高から控除される前給付額について検討してみると，各製品ごとに測定可能なものは，せいぜい材料費と外注加工費くらいであろう。その材料費と外注加工費とを直接材料費として認識すれば，製品ごとのスループットは正に付加価値に相当するものと見做しうることになる。」（宮本［1998］，8頁）と述べ，スループットと付加価値の類似性を指摘している。そしてさらに，宮本教授は，「付加価値を最大にしようとする経営管理は，周知のように高く評価されるものである。したがって，TOCにおいて重視されるスループット概念が限界利益に近似する特徴をもち，しかも付加価値とも同一視できる内容をもつと解釈できるとすれば，スループット概念のもつ意義はきわめて大きいといえるのではなかろうか。」（宮本［1998］，8頁）と述べている。これらの意見は，TOCの奥深さを感じさせるものでもある。

補論2　バックフラッシュ・コスティングとスループット会計

　JIT環境に適合する簡略化した原価計算の方法として，バックフラッシュ・コスティングが提唱されている。バックフラッシュ・コスティングとは，生産

される製品の変化を記録する時点を，製品の完成時点や販売時点まで遅らせ，予算原価ないし標準原価を用いて，前者の場合では製品原価の記録を行い，後者の場合では売上原価の記録を行う原価計算システムである。「バックフラッシュ」という意味は，勘定記入をコストフローの後ろの方にもっていき，バックの方でパッと（一度に）フラッシュさせる（記帳する）ことを意味している。

C. T. ホーングレン，G. フォスター，S. M. ダーター（[1997]，726-733頁参照）の例を参考にして，以下の仮定の下で代表的な3つの場合の記帳例を示してみる。

（仮定）

原材料（全て直接材料）の期首棚卸高がない。

期首と期末の仕掛品がない。

全ての労務費は加工費に含まれて記帳される。

製品単位当たりの標準直接材料費は200円であり，製品単位当たりの標準加工費（配賦加工費）は100円である。

（記帳例）

① 生産過程の記帳時点が材料の購入と製品の完成時点である場合

（原材料購入額105,000円と，加工費発生額52,000円の記帳）

（借）原　　材　　料　105,000　（貸）支　払　勘　定　105,000

（借）加　　工　　費　　52,000　（貸）各　種　勘　定　 52,000

（製品完成時の記帳）

製品500個完成。製品単位当たり標準原価は（200＋100＝300）円。

（借）製　　　　　品　150,000　（貸）原　　材　　料　100,000

　　　　　　　　　　　　　　　　　　配　賦　加　工　費　 50,000

（製品販売時の記帳）

480個販売。売上原価は（300×480＝144,000）円。

（借）売　上　原　価　144,000　（貸）製　　　　　品　144,000

(配賦不足の修正)

(借) 配 賦 加 工 費　50,000　　(貸) 加　　工　　費　52,000
　　　 売　上　原　価　 2,000

以上の仕訳をもとに勘定口座への記入を行ったものが，(図6-2)である。この場合には仕掛品勘定は不必要となる。

(図6-2)　生産過程の記帳時点が材料の購入と製品の完成時点である場合

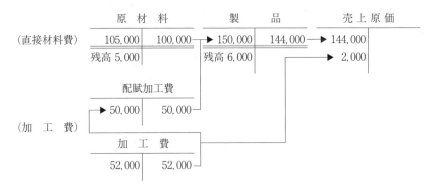

② 記帳時点が材料の購入と製品の販売時点である場合

(原材料購入額と，加工費発生額の記帳)

(借) 原　　材　　料　105,000　　(貸) 支　払　勘　定　105,000
(借) 加　　工　　費　 52,000　　(貸) 各　種　勘　定　 52,000

(製品販売時の記帳)

原材料消費額は (200×480＝96,000) 円。

加工費配賦額は (100×480＝48,000) 円。

(借) 売　上　原　価　144,000　　(貸) 原　　材　　料　 96,000
　　　　　　　　　　　　　　　　　　　 配 賦 加 工 費　 48,000

(配賦不足の修正)

(借) 配 賦 加 工 費　48,000　　(貸) 加　　工　　費　52,000
　　　 売　上　原　価　 4,000

以上の仕訳をもとに勘定口座への記入を行ったものが，(図6-3)である。原材料の在庫（9,000円）は，手元の材料（5,000円）と，完成品のうち販売されていない20個の原材料分（4,000円）からなる。

　このタイプのバックフラッシュ・コスティングを，ホーングレン，フォスター，ダーターは超-変動原価計算（Super-Variable Costing）またはスループット原価計算（Throughput Costing）と呼んでいる。この会計処理方式はまた，スループット会計（Throughput Accounting）とも呼ばれている。この方式では棚卸資産勘定は直接材料勘定に限定され，その他の原価は期間原価として処理されることになる。

(図6-3)　生産過程の記帳時点が材料の購入と販売時点である場合

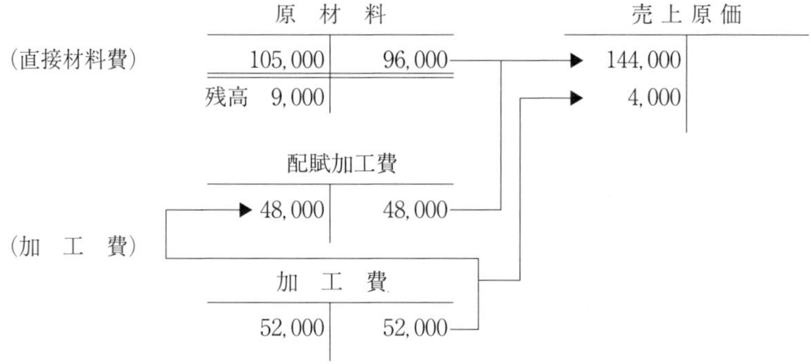

```
                    原 材 料                        売 上 原 価
(直接材料費)      105,000 │  96,000  ──────▶ 144,000
                 残高 9,000                    ▶   4,000

                  配賦加工費
                  ▶ 48,000 │ 48,000
(加 工 費)
                    加 工 費
                    52,000 │ 52,000 ─────┘
```

③　生産過程の記帳時点が製品の完成時点のみである場合
　　ただ加工費は，発生時点で記帳されるとする。
(加工費発生額の記帳)
　　(借) 加　工　費　　52,000　　(貸) 各　種　勘　定　52,000
(製品完成時の記帳)
　　(借) 製　　　品　　150,000　　(貸) 支　払　勘　定　100,000
　　　　　　　　　　　　　　　　　　　　配　賦　加　工　費　50,000

(製品販売時の記帳)

(借) 売 上 原 価 144,000   (貸) 製   品 144,000

(配賦不足の修正)

(借) 配 賦 加 工 費 50,000   (貸) 加   工   費 52,000
    売 上 原 価   2,000

　以上の仕訳をもとに勘定口座への記入を行ったものが，(図6-4)である。このタイプは原材料の在庫をもたない場合，すなわち，材料購入量＝材料消費量の場合に適する。

(図6-4)　生産過程の記帳時点が製品の完成時点のみの場合（加工費は発生時点で記帳）

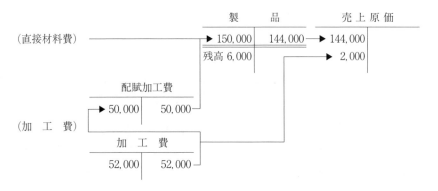

　以上がバックフラッシュ・コスティングの代表的3類型であるが，この原価計算方法の問題点は，多数の原価要素の消費高，部門や工程の消費高の跡づけが詳細になされていないということである。記帳と生産の流れが一致していないので，原価管理のための十分な情報を与えないということである。しかし，近年の情報処理技術の発展により，即座に大量の財務的情報と並んで非財務的情報が処理できるようになった。このことは，管理会計システムのほかにも各種の情報を生む源泉があることを意味している。それ故，それらの情報を並行して用いるとすれば，簡素化された原価計算システムでも，原価の管理に対し

て十分に機能を発揮することができると思われる。

補論3　QC七つ道具と新QC七つ道具

　QC七つ道具は，特性要因図以外，探究すべき問題が決まった後でのデータ入手の計画および数量分析に役立つものである。しかしTQCを実施するためには，経営者や管理者は複雑な要因の関連を考慮しながら考えを整理し，問題を発見し，解決策を考えることが必要になる。そのために，新QC七つ道具が考案されるに至った。ただ，QC七つ道具から新QC七つ道具に移ったというよりも，両者は補完的なものであると理解すべきである。

　QC七つ道具は，パレート図，特性要因図，グラフ，チェックシート，散布図，ヒストグラム，管理図から成り立っている。グラフ，チェックシート，散布図，ヒストグラムについてはよく知られているので説明を省略する。

　パレート図は，問題を要因や現象に応じて分類してデータをとり，例えば不良個数や損失金額などの多い順に棒グラフで表し，累積曲線を記入した図である。この図により，重要問題が明らかになる。実際，不良個数や損失金額は，わずかな不良項目によって生じていることが分かる。特性要因図は，問題特性とそれに影響を及ぼす要因を，魚の骨のような図に体系的にまとめたものである。管理図は偶然要因によって生じたのか，異常要因によって生じたのかを区分するために考えられた管理のためのグラフである。このグラフは中央線を中心として，上下に管理限界線が引かれている。そして，すべての点がこの限界内にあり，点の並び方にクセがなければ，管理状態にあると判定できる。そうでなければ管理状態にはなく，異常原因が発生していると判定される。

　新QC七つ道具は，親和図法，連関図法，系統図法，マトリックス図法，マトリックス・データ解析法，アロー・ダイヤグラム法，PDPC（Process Decision Program Chart：過程決定計画図）法から成り立っている。親和図法は川喜田二郎教授が開発したKJ法A型図解法ともよばれている手法で，ハッキリしていないあいまいな問題点について，事実，意見，発想を言語カードでとら

え，カード化する。そしてそれを親和性によってカード寄せし，要約した図を作成することによって問題の所在を明確化する手法である。親和図法は問題発見に役立つ手法である。連関図法は原因と結果，目的と手段などの関係が複雑に絡み合っている問題について，要因を抽出し，簡明に要因を表現し，因果関係を矢印で論理的に関連づけ，全貌を捉え重点項目を絞り込むことによって，問題解決を図る手法である。系統図法は，目的と手段の階層を上位から下位に展開していく図法である。その手法は，目的を達成するためには手段を必要とし，その手段を達成するためには，さらなる手段が必要となるというような関係を示すものである。マトリックス図法とは，行と列の2元的な配置の中から，問題の所在や問題解決の着想を得るために用いられる図法である。マトリックス・データ解析法は，マトリックス図における要素間の関連についての十分な情報が得られない場合，これを解析するための方法である。PDPC法とは，予期せぬトラブルに対処するために，考えられうる各種の結果を予測し，プロセスを望ましい方向に導く方法である。アロー・ダイヤグラム法は，特定の計画を進めていくために必要な作業を，ネットワークで表現する方法である。

補論4　TPマネジメントの特徴と実施例

秋庭雅夫教授は，TPマネジメントを次のように定義している（秋庭1994）。
「① 事業所が意図した生産性向上に対する課題を，的確にしかも効率的に実行するために具体的な達成目標と効率化基準を示し，
② トップダウン・重点主義の姿勢を基本として，
③ 事業所全体の活動がその達成目標に直結し，達成目標との効率的な実現に対してどのように貢献するかを明らかにし，
④ 意欲的で活力のある実行体制を効果的に築き上げ，
⑤ 全員が一丸となって，生産の体質を革新的に伸ばし，また運営して，初期の実績をあげていくことを意図した経営管理技術である。」
　TPマネジメントは目標と施策等をマトリックスで展開するので，複数の項

目と複数の項目の関係が明確になり，全体の構成を一目で把握できるということが特徴である。このことは全体的視点に立った考察をやり易くする。さらにマトリックスとマトリックスを関係づけることは容易であるので，展開においてもこの性質が利用できる。

TPマネジメントのタイプとして，「顧客満足」，「利益確保」，「従業員満足」，「工場革新」等のうちの1つの達成目標に着目する場合と，「顧客満足と利益確保」，「顧客満足と従業員満足」，「顧客満足と工場革新」等のように，複数の達成目標に着目する場合がある。目標が複数の場合には，目標が並列的であるもの，順序付けがあるもの，相互に関連があるもの等があり，展開は複雑となる。

このようにTPマネジメントは多くの企業でしかも多様な形で実施されているが，1つの実施例として，オリンパス工業伊那工場の例がある。この工場では，TPマネジメントを用いて，目標と施策が個人レベルまで展開されるようになっている。まず全社的な5カ年計画を受けて，5カ年の工場の基本計画が立てられる。その基本計画は，長期事業計画と長期生産システム革新計画から成り立っている。それらのうちの1年分が，具体的に目標・施策展開されることになる。この目標・施策展開は細部にわたり詳細になされ，Q（品質），C（原価），D（納期），ES（従業員満足）についての事業目標と，生産システム革新のための諸施策の関係がよく分かるようにしている。

そして両者の関係を考えて，具体的な目標と施策が決定され，採用された目標・施策は最終的には個人レベルまで展開される。そして，個人レベルのデータは改善が行われた時点で更新され，誰でも見られるようになっている。各人の目標・施策はグループ，チームの方針に従って設定され，重要度によってA～Dの4つに分けて管理される。方針や目標・施策はそれぞれ上司との面接で設定され，期末の面接では，自己評価をもとに改善活動や取り組みの成果について上司との話し合いが行われ，その結果は評価・報償システムによって，賞与に反映されるようになっている。近年では，伊那工場ではTPマネジメントの主軸を，業績目標から状態目標に置いて，さらなる展開が図られている。

第7章　企業間管理へのゲーム論的考察と管理会計

I　はじめに

　企業が存続・発展していくためには，企業間の関係を適切に管理することが必要である。この企業間の関係は固定的でなく，企業環境の変化に対応して他企業を内部化したり，内部組織を分社化することもある。そして，系列企業や他企業との間で提携等の企業間システムを築くことも多い。この企業間システムは純粋な市場取引でもなく，企業内取引でもない中間的な性質をもった取引が行われている。この企業間システムの形態は多種多様であり，これをいかに築くかが競争優位に大きく関係することになる。

　近年，変化に対する俊敏性，適応力が重視されるようになり，企業活動のすべてを自社で行うよりも利益を生む中核部分のみを残し，他の部分をアウトソーシングする傾向がある。それ故，このような状況で，アウトソーシングした企業との取引関係をいかに築き，いかに管理するかの検討は，ますます重要になっている。

　企業間システムを考察するためのキーワードとして，「競争」と「協調」がある。個々の企業は本来利己的に行動する主体であるので，相互に競争し合う関係にある。ではなぜ協調するのであろうか。協調行動を採れば利点として，有用な資源が利用でき，リスクの分散や自社に有利な競争環境の形成等に役立つからである。ただ，企業間の関係は目的が達成された後，解消されるので，協調関係にある場合でも，各企業は競争という状況を常に意識しなければならない。それ故，企業間システム内の企業行動を考察する場合には，競争関係と協調関係の複雑な関係を考察することが必要になる。これら2つに搾取関係を

加えた3つの関係をもとに，論を展開する研究者もいる。

これら2つあるいは3つの関係から，企業間システムの発展過程が，生態学の「共進化」概念を用いて説明されることもある（アイゼンハート，ゴルニック 2001；村上 2004）。共進化とは，依存し合いながらも競争し，環境条件に応じて一方が他方を駆逐するなど，依存し合ってきた種同士が関係を変えながら，両者が進化することである。それを企業間関係に置き換えてみると，その発展過程は，システム内の企業が依存し合いながら競争し，必要であればスピードやシナジー効果の獲得を考慮して，さまざまな相手と適宜，手を組み直し（コラボレーションを見直し），進化を遂げるということになる。コラボレーションの見直しにより，市場と組織の両者の変化への対応が可能になる。

本章は，企業間の関係はこのような競争と協調の入り混じった複雑な関係であるととらえ，このような関係の中で，競争優位に立つためにはいかに企業間の関係を築きあげればよいかについて，特にゲーム理論を用いて考察し，管理会計の役割を考察することを目的としている。すなわち，ゲーム理論的アプローチといえば数理的展開をすぐにイメージするが，本章では，特にその理論から得られた知見をもとに，さらにその知見から想像できうる状態を予想し，利益増大のための協調関係の必要性，管理会計の役割，日本における協調関係維持のための方法等について考察する。すなわち本章では，ゲーム理論を企業間関係を考える手段として利用することが狙いである。

II 企業間協調関係をもたらす要因についての各種のアプローチ法

競争関係にある企業になぜ協調関係，提携関係が生まれるか。これが企業間関係を考えるときの最大のテーマである。その問題に対するいろいろなアプローチがあるが，代表的なものとして，次の3つのものがある（浜田 2006；山倉 2001）。

第1番目のものは取引コストアプローチであり，企業間協調関係を持つこと

によりコストが削減できるという理由に基づくアプローチである。このアプローチ法は，もともとは取引が組織内で行われるのがよいか，価格機構に基づき市場で行われるのがよいかを取引コストの面から考察し，安くなる方が採用されると考えるものであった。このアプローチでは，組織内で行われる場合の取引コストは，通常の組織内取引コストに加え，必要であれば取引に伴って生じる設備関係のコスト，組織や制度を変更するためのコスト，訓練のコスト等を含んだものである。これに対して，市場で取引を行う場合の取引コストは，市場からの調達に要するコストに加えて，相手に出し抜かれるというような機会主義的行動によるコスト等も含めることが多い。さらに，機会主義的行動を監視するために発生するモニタリングコストをも含めて考察することも多い。

最近では，組織内取引か市場取引かだけでなく，中間組織である企業間システムでの取引も選択肢に入れて考察するようになっている。序論でも述べたように，企業間システムの形態は多種多様で，どれを選ぶかによって取引コストが変わってくる。この中間組織で考慮されるコストには，直接発生するコストに加えて，関係を保つことに要するコストも含まれ，また機会主義的行動も完全にはなくならないので，それから生じるコスト，モニタリングコスト等が考えられる。

第2番目のものは資源依存アプローチであり，相手の資源や能力に対する必要性から企業間協調関係が構築されるというものである。一般に，他企業との依存関係を持つかどうかの決定には，自企業に蓄積されている資源や能力と市場のニーズ等を考慮して決定され，資源や能力が不足する場合には，他企業に依存せざるを得ない。依存の度合いは，資源の重要性の程度，他組織からの資源の獲得可能性の程度に依存して決まる。資源の重要性が高く，他企業から資源を獲得できないということが，相手企業のパワーの源泉になる。自企業のパワーを増大し，他企業のパワーにどう対処するかによって各種の企業間活動が行われたり，各種の企業間システムが構築されることになる。

第3番目のものは学習アプローチであり，協調関係を結ぶことによって他企業の持つ技術，知識，能力，管理法等の知的資産が獲得され，これが既存のも

のとの学習効果を通じてより高められるという点に着目したアプローチである。またM&Aにより，知的資産を1つの組織に統合すれば，企業文化等の違いで士気の低下や組織の活力が失われ，知的資産が壊れることもあるので，統合より提携等の協調関係を維持する方がよいと考える場合もある。知的資産のこのような性質から，企業間システムが構築されることもある。

以上の述べたアプローチは，分析の枠組み，考え方を示すことが目的であるので，ある1面のみを特に重視したアプローチになっている。現実にはこれらの複合されたものによって企業間の関係が生まれると考えられるので，企業間システムを考察する場合には，前述のアプローチを総合化して考察することが必要である。また企業間システムを考察する場合，企業対企業の2企業間で考察すればよい場合，それ以上の企業間の関係が重要になる場合もある。

III　企業間関係におけるゲーム論的アプローチの有効性

3.1　ゲーム論的アプローチの特徴

前節で述べた3つのアプローチ法は，他企業との間で協調関係を構築する理由は説明できる。しかし他企業には，協調関係を構築，維持しやすい企業（補完業者）と同時に，競争関係にある企業がある。上述のアプローチ法は，競争関係にある企業がなぜ協調関係を持とうとするのかについて，十分には説明できないように思われる。また，企業間の関係は競争と協調の混在する関係であるが，そのダイナミックな相互作用を考慮していないと思われる。

これに対してゲーム論的アプローチは，企業間の競争と協調の入り混じった相互作用のメカニズムを明らかにし，戦略立案に対する考察すべき点を明らかにすることができる。またこのアプローチ法は，戦略を立案するのに役立つ思考法そのものの変革をもたらすことができるように思える。沼上教授は，このアプローチ法の利点について，「企業間の相互作用は簡単ではない。良かれと思ってやったことが，競争相手の反応や顧客や取引先の反応が積み重ねられるにつれて，当初の予想とは異なった結果を生み出すことがある。ゲーム論的ア

プローチはゲームのルールを明示的に扱える現象であれば,企業間の相互作用をひとつずつ読み解いて,長期的に起こりうる「意図せざる結果」を見通し,示唆することができる。このような意図せざる結果を企業間の相互作用のメカニズムに注目して解明していくところにゲーム論的アプローチの最大の魅力がある」(沼上 2009, 110頁) と述べ,その内容はそのアプローチ法の特徴をよく表しているように思える。

　M. E. ポーターは戦略の決定にポジショニングアプローチを採用し,戦略ポジションは5つの競争要因,すなわち,①新規参入の脅威,②代替品の脅威,③顧客(買い手)の交渉力,④供給業者(売り手)の交渉力,⑤既存の同業他社との競争,を考慮し決定すべきであるとしている (Porter 1985, Chapter 1 ; ポーター 1989, 第1章)。そして,これらの競争要因への対処法等には,ゲーム論的考察が加えられている。ただポーターの考察は,競争という面があまりに強調されすぎているという批判もある。J. K. シャンク,V. ゴビンダラジャンは,このポーターの5つの競争要因の理論をもとに戦略的コストマネジメントを展開している (Shank, Govindarajan 1989 ; 新江 2005)。すなわち具体的に会計数値を用いて戦略的ポジショニング分析,VC(価値連鎖)分析,コストドライバー分析を用いて現状分析を行い,いかに競争相手との関係を改善すべきか,それを正しく実行すればどうなるかの分析法を示している。

　A. M. ネイルバフ,B. J. ブランデンバーガーは,ビジネスにおけるプレーヤーとして,自社のほかに,顧客,生産要素の供給者,競争相手,補完業者が存在するとして理論を構築した(ネイルバフ,ブランデンバーガー 1997 ; 新江 2005, 第4章)。補完業者とは,第4章でも述べたように,自社の製品の価値を高めてくれる企業のことである。この補完業者の存在を明示的に示したことが,ポーターと異なる点である。補完業者がゲームに参入すると,パイは大きくなる。これは協調関係の構築が容易で,協調することでプラスアルファの効果が生じるからである。しかし補完業者であろうと,分配をめぐっては競争する。逆に,競争相手との関係を常に戦いであると理解するのはあまりに単純で,それらの関係の中にも協調もある。戦略において多様なプレーヤーとの間に,協

調と競争の関係がある。ブランデンバーガー，ネイルバフは，競争と協調の両者が表裏の関係で存在する状態を，競争（Competition）と協調（Co-Operation）という用語から，コーペティション（Co-Opetition）という言葉で表した。

　一般に，価値創造に関しては協調関係を維持しやすいが，価値分配では対立する。すなわち，競争企業であっても全体の利益を増やすことには同意することもあるが，それの分配，取引条件の交渉等では，補完業者でさえも対立する。戦略の策定には，協調と競争という2つの側面がある複雑なゲームの構造を理解し，自社に有利なようにゲームの構造を変えることが必要である。また協調関係の構築には，自社の利益を守り，同時に取引相手のために価値創造をしなければならない。

（図7－1）　ビジネスプレーヤーの関係

　自社に影響を与えるビジネスプレーヤーは，（図7－1）の通りであり，企業間協調関係には，垂直的協調関係と水平的協調関係がある。前者の関係はSCの関係であり，SCメンバーとの間には，価値創造をめぐって主として協調関係が維持されるが，メンバー間には競争的関係もある。価値分配は，SCでは売り手や買い手の交渉力に依存する。後者の関係は競争相手や補完業者との間の関係であり，補完業者との間では協調関係が生まれやすいが，近年，競争相手との間でも，研究開発，技術提携等の協調関係が築かれることも多くなっている。

3.2 競争関係にある企業の協調行動を説明する理論

ゲーム理論におけるゲーム形態の1つに,「囚人のジレンマ」というものがある。このゲームは,ジレンマ状況から脱出する方策のヒントを与えるものであり,企業間行動を考える際に参考になるものである。

AとBの2人が,別々の部屋で取り調べを受けているとする。囚人には2つの方策があり,1つは「黙秘を続けること(協調)」,もう1つは「共犯証言をすること(裏切り)」であるとする。一方が共犯証言をしてもう一方が黙秘すれば,共犯証言した者は減刑されて半年,黙秘した者は5年の刑罰が科されるとする。両者とも黙秘すれば両者とも1年の刑罰が科され,両者とも裏切れば両者とも3年の刑罰が科されるとする。これをもとに刑罰表を作成すれば,(表7-1)の通りである。

(表7-1) 囚人の刑罰表(ジレンマゲーム)

		囚人B	
		黙秘(協調)	共犯宣言(裏切り)
囚人A	黙秘(協調)	A 1年 B 1年	A 5年 B 半年
	共犯宣言(裏切り)	A 半年 B 5年	A 3年 B 3年

2人の囚人は黙秘(協調)するか共犯証言(裏切り)するかジレンマに立たされるが,この刑罰表の通りであれば,相手が黙秘しても共犯証言しても,自分は共犯証言した方が刑罰は軽くなるので,どちらも共犯証言することになる。例えば,囚人Aは,囚人Bが黙秘すれば自分も黙秘すれば1年,共犯証言すれば半年であるので,この場合には共犯証言することが有利になる。囚人Bが共犯証言するとすれば自分が黙秘すれば5年,共犯証言すれば3年であるので,この場合も共犯証言する方が有利になる。囚人Bについても同様に考えることができる。その結果,どちらも共犯証言することになる。どちらも協調して黙秘すれば両者とも1年の刑罰になるにもかかわらず,結果的にどちらも3年の

刑が確定する。この例は個人的合理性と集団的合理性が一致しない例であり，現実にこのような状況は多々ある。しかも，企業間関係はまさにこのような状況が多いと考えられる。企業間で協調する方がよいにもかかわらず，各企業独自の判断で誤った行動をしてしまうことになる。

(表7−2)　A企業とB企業の利得表

		企業B	
		協　調	裏切り
企業A	協　調	X = 5, X = 5	U = 0, V = 8
	裏切り	V = 8, U = 0	Y = 2, Y = 2

V＞X＞Y＞Uの関係がある。

次に，将来の状況が予想され，合理的行動を採る競争企業が協調する条件は何か。(表7−2)の利得表を用いて説明する（牛丸 2007, 102−106頁；清水 2000, 第5章；松島 2002, 第4章）。(表7−2)は(表7−1)を刑罰ではなく利得という視点から表したものであり，考え方は同じである。企業Aが協調行動を採れば企業Bも協調行動を採るが，Aが裏切ればBは翌期に裏切り，その後も裏切るとする。現実の企業行動もこのような場合が多い。企業Aが協調し続けた場合の利得（C）は，

$$C = 5 + 5w + \cdots + 5w^{t-1} + 5w^t + 5w^{t+1} + \cdots$$
$$= 5 / (1 - w)$$

となる。wはアクセルロッドの未来係数とよばれるもので，同じ相手と将来も付き合う確率である。これは利得の割引因子とも解釈できる。wがゼロであるということは，現時点のみを考慮するということを意味し，wが1に近くなると，現在の利得も未来の利得もほぼ同じ程度重視するということを意味する。Aがt期に裏切ればBは（$t+1$）期に裏切ることになるので，その場合のAの利得（D）は，

第7章 企業間管理へのゲーム論的考察と管理会計

$$D = 5 + 5w + \cdots + 5w^{t-1} + 8w^t + 2w^{t+1} + 2w^{t+2} + \cdots$$

となる。この時，C＞Dであれば協調した方が利得が多くなり，C＜Dであれば裏切った方が利得が多くなる。

　協調関係を維持する方が利得が多くなる条件は，C＞Dを満たせばよいので，

$$
\begin{aligned}
C - D &= (5-8)w^t + (5-2)w^{t+1} + (5-2)w^{t+2} + \cdots \\
&= -3w^t + 3w^{t+1}(1 + w + w^2 + \cdots) \\
&= -3w^t + 3w^{t+1}(1/(1-w)) \\
&= 3(2w-1)w^t/(1-w)
\end{aligned}
$$

から，$0<w<1$ より，$w>0.5$ であれば協調関係が続くことになる。一般形で示せば，

$$
\begin{aligned}
C - D &= (X-V)w^t + (X-Y)w^{t+1}/(1-w) \\
&= \{(V-Y)w - (V-X)\}w^t/(1-w)
\end{aligned}
$$

となる。上式が正であればよいので，また $0<w<1$ を考慮して，

$$w > (V-X)/(V-Y)$$

のとき，企業同士が協力することになる。上式の不等式が成立する可能性を高めるには，Vの値，Yの値が決まっているとすれば，V＞X＞Y＞Uであるので，Xの値すなわち協調行動からの利得を大きくすればよいということを意味している。上述のことはA企業について述べたが，B企業でも同様である。また，上述の利得表はAとBが対称で，同じであるということにしているが，対称でなくても同様に考えればよい。

　ただ以上の結論は無限の期間を前提としたものであり，有限回ではこの結論

は成り立たない。というのは，有限期間を前提とすると，最後は1回限りのゲームと同じになるので，必ず裏切った方がよいということになる。この推論を逆向きにたどると，すべての期間に協調しない方がよいということになる。しかし，企業行動において同じ取引相手との活動が繰り返されている場合，終わりから逆算したり，有限期間が決まっている場合は別として途中で終わると仮定して行動しない。それ故，今までも継続して取引が行われている場合において，有限期間を前提とした結論は現実的ではなく，無限期間を前提とした取引がなされていると仮定した方が現実的であると思える。

協調関係の形成条件は，前述したように，関係者がお互いに単独で行動するより何らかの利益を獲得し，協調行動からの利益をできるだけ多くするということである。しかも条件を満たすように利益の分配を適切にすることが必要である。これらのことは前述の利得表やwに影響を与えることになる。利益には業務上のコストの削減のような財務上の利益のほかに，市場へのアクセスが容易になる，リスクの分散ができる，技術革新や新製品開発が容易に達成できる等の非財務の利益も含まれる。これらの広い意味での利益を測定し，1つの指標で換算するには，もちろん財務・非財務の情報の両者が必要になる。利益の計算には，機会原価も考慮することが必要である。

また協調関係をもつためには，協働を組もうとする意識を高めることが必要である。この動機に影響する要因として，相手に対する影響力（パワー）もあるが，信頼が重要である。信頼には契約に基づいた信頼，能力への信頼，好意的感情からの信頼がある（張 2004, 第2章; 小林 2004）。しかし，基本的には，信頼のためには両者がWin-Winの関係を持つことが必要である。そのためには，既存の取引の仕方の見直しが必要である。例えば，情報共有による共同活動の促進や機会主義的活動の抑制の仕組みを作ること，利益分配やリスク分配を適切に行うこと等が必要である。

以上のようにゲーム論は現実の興味ある問題を対象としているが，実際には思ったほど即戦力としては役立っていないことも事実である。というのは，単純化のためにあまりに現実的でない仮定を置いていたり，数理的に扱われすぎ

ていたり，現実の問題から乖離しているからである。すなわち，ゲームに参加している企業がすべて合理的で相手の手がもたらす成り行きを理解できると仮定していたり，不確実性を仮定してあまりにも数学的展開が複雑になっているからである。しかし，ゲーム理論は現実の問題を客観的にとらえ，競争関係にある企業がなぜ協力関係を取ろうとするのかについての理解を助けてくれたり，また協調関係を築くには何をすべきか，という問題を解決する糸口を与えてくれるように思える。

Ⅳ 協調関係達成のためのアプローチ法と管理会計の役割

協調関係を達成するには，2つの方法が考えられる（牛丸 2007, 第7章）。1つは，裏切りをした相手に何らかのペナルティを与えたことになるように利得構造を変える方法である。この方法は，強制的に裏切りをさせないようにする方法である。このような強制による協調のためには，ペナルティを考慮した適切な利得表を設定する必要がある。また実行結果から，利得（ペナルティ）を決めるには相手の行動を監視し，裏切っているかどうかを知る必要がある。そのためには，モニタリングコストが発生することになる。

もう1つの方法は，強制ではなく，自発的にジレンマを解決しようとすることを目指す方法である。前節で詳しく述べたように，双方とも協調戦略を選択した方が多くの利益をもたらすような利得表を設定することや，その実行を可能にするための仕組みを考案することなどが，これに属する。

通常，自発的行動を重視する方策よりも外部からペナルティを強制的に与える方策を重視すれば，将来的に自発的な動機づけが弱くなるという特徴があり，また，強制による協調の有効性は不確実性の増大に伴い増大するが，あるポイントから低下するという特徴を持つ。それ故，自発的協調の方が一度確立されれば，強制による協調よりも，より強く取引相手との関係の長期間の安定性に好ましい影響を及ぼすと思われる（牛丸 2007, 120-122頁）。ただ，企業環境が不確実になるほど，継続取引を不確定にし，また協調行動による期待利得が下

がるので，自発的協調の有効性は下がることになる。それ故，継続性を強化するためには，関係特殊的投資の実施や，リスク分配をより適切に行う必要がある。環境が不確実になるほど，一般的に取引相手の機会主義的行動を抑えるためには，取引相手に対するモニタリングの強化，より一層の関係特殊的投資の促進，自社が目指す共通目標と取引相手の目標を一致させる仕組みづくりをすること，より強い信頼の構築等が重要となる。

　以上から，協調関係を達成するには，自発的協調を基礎とし，それが達成しやすいような条件を整えることが必要である。ただそれのみでは協調が達成できないので，取引相手の行動や業績をモニターしながら，必要に応じて強制による協調手段を行使する必要があるように思える。

　管理会計は，このような課題に各種の重要な役割を果たすと思える。自発的協調を促進させるためには，まず第1に，協調すべき相手の選定と，協調による利益機会を探索する必要がある。その際，シナジー効果の測定が重要になる。シナジー効果は各種の尺度で測定できるが，概算額でもよいので最終結果を財務尺度によって評価できれば，経営上の判断に有効である。個々の効果と財務的効果を関連づけて把握するには，管理会計が有用である。

　第2に，自社が目指す共通目標と取引相手の目標を一致させることが必要である（皆川2008，第9章）。それにより，取引相手が自己の目的を達成することが共通目標の達成になるので，機会主義的行動は起こりえないことになる。そのためには，両者を一致させるような仕組みづくりと，首尾一貫した目標展開が必要になる。自社が目指す共通目標と取引相手の目標は多様であり，これらの目標を調整することが必要になる。目標間の調整には管理会計が有用で，財務目標と非財務目標の両者を関係づけるのに役立つ。その際には，取引相手との間で財務・非財務情報の共有が必要になり，そのためには取引相手との間での信頼の構築が必要になる。

　第3に，協調行動をもたらすような利益分配法の決定，すなわち囚人のジレンマを解消できるような利益分配法を工夫することが必要である。利益分配は損失を被る取引相手に対して補助金を与えるやり方もあるが，通常は適切な振

替価格の設定を通じて分配される。振替価格の決定には，どの範囲までのコストを含むべきか，補助金をどのように振替価格に反映させるかが重要になる。この決定には管理会計情報が重要な役割を果たす。

第4に，協調行動をもたらすような関係特殊的投資を実施すること，リスク分配法の決定が必要である。関係特殊的投資には，それの実行可能性と効果が適切に把握されなければならない。またその投資に伴う投資リスク，実施リスク等の適切な分配がなされねばならない。投資評価に管理会計情報は重要な役割を果たし，またリスク分配にはリスク分を含めた振替価格の設定がなされることが多いが，適切な負担分の決定には管理会計が有用な役割を果たす。

第5に，自発的協調の場合，強制による協調の場合のどちらの場合にも，実施相手に対する実施行動や実施結果を評価するためにモニタリングが必要である。特に後者の場合には，報酬やペナルティの額を決定するために必要である。実施結果は財務・非財務指標によって測定され，両者の関係を考慮しながら評価することが必要である。モニタリングを行えばコストが発生し，そのコストの算定，モニタリングの効果の算定が重要になる。これらのことにも，管理会計は重要な役割を果たす。

以上のように，協調行動を達成するために管理会計は各種の役割を果たすのであるが，以下の章で，最も協調行動を考える時の中心課題であると思われるシナジー効果の測定，利益・リスク分配に焦点を絞り，考察することにする。

V 協調行動によるシナジー効果の測定

企業が協調関係を築く場合は，特別な理由がない限り，個別行動によって得られる利益よりも協調行動によって得られる利益の方が多い時である。シナジー効果は，協調行動によって得られるこの超過利益である。それ故，シナジー効果が発生することが，通常の場合，協調関係を築く時の前提条件になる。取引相手との間で適切な利益分配がなされるとすると，シナジー効果が大きくなればなるほど，取引相手の利益が大きくなる。それ故，協調行動のためには，

シナジー効果をできるだけ大きくする必要がある。シナジー効果の増大には，業務の適切な管理，実行が必要であり，シナジー効果が生まれやすいような枠組みを設計することが必要である（木村1995）。

シナジー効果の要因には諸種のものがあるが，次のものが代表的である（グールド，キャンベル 2002）。第1は，特定のプロセスや機能についてのノウハウや情報を共有することで，これにより業績改善できる。異なるノウハウに触れるだけでも効果があると思われる。第2は，企業間で戦略を調和させることによって，目指すべき目標を首尾一貫性あるものにすることで，これにより利益効果が期待できる。第3は，業務のやり方を標準化することで，これにより無駄が省ける。無駄の削減は，在庫コストの削減，設備効率の改善，顧客対応スピードの改善をもたらす。第4は，流通経路，生産販売組織，機械，倉庫等の有形固定資産を共有することで，これにより新しい販売機会を得たり，無駄の削減ができる。第5は，仕入先，顧客，競争相手に対する交渉力を強化することで，これにより，収益増加，原価削減に役立つ。

シナジー効果がどのような要因に基づいて発生するのか明らかにし，シナジー効果を具体的に財務数値で測定してみることが必要である。その測定は難しいが，概算値でもよいので測定してみることが重要である。シナジーの測定は，協調することによる費用の節約分で評価される場合と，協調することによる利益の増加分で評価される場合がある。正確な測定にはABC，財務数値と非財務指標の因果関係を明確化したい場合には，ストラテジーマップやBSCが有効である。シナジー効果を測定することにより，協調関係による利益が明確になり，利益効果が大きければ関係の維持が強化される。また，取引相手の選定にも役立つ。さらに次節で述べるような振替価格の決定にも役立つ。

シナジー効果は比較的早期に効果が現れるもの，効果の発現に時間を要するもの，また追加コストや除去・整理コストを要するものもある。シナジー効果を見積もる場合，効果を過大評価したり，実現可能性を過大評価する可能性があるので注意が必要である。それを防ぐために，シナジー効果の影響度と実現可能性を2つの軸として，それぞれを高，中，低に3分類したシナジー効果を

把握するためのマトリックス表を作成してみることも有効である。

シナジーには，計画的シナジーと創発的シナジーがある。前者は計画時にある程度予測できるシナジーであり，後者は計画時に予測されないで，実施過程で湧き出てくるシナジーである。創発的シナジーの場合には予測不能であるので，利益分配法の決定にこれらの効果を考慮するとすれば，これを事前にどのように評価するかが重要となる。

VI 協調関係をもたらす利益分配，リスク分配の重要性と管理会計

取引の繰り返しによって協調が発生する可能性が生じるが，協調が保証されることはない。また，継続的関係から生ずる協調は壊れやすい。それ故，企業間の協調のためには，適切な利益分配が必要である。本節では，企業間の協調関係が特に重要になるSCにおける関係，その中でもアセンブラーとサプライヤーの関係に焦点を当てて考察する。

SCにおいて，利益分配の方法は諸種のものが考えられるが，部品価格を利用した方法が一般的である。部品価格はサプライヤーのコスト回収の手段でもあり，かつチェーン内の企業間利益配分の手段でもあると考えられる。そのため，部品価格の中に，適切な利益分配分をいかに反映させるかが重要な問題となる（下野 2005）。

サプライヤーの生産コストの上昇分について，費用削減の余地が小さい場合には，アセンブラーはサプライヤーが生産コスト上昇分を部品価格に転嫁することを認める割合を高くすべきである。通常では，価格調整の際，原材料費の増加を価格に転嫁することを認めるが，労務費の増加を転嫁することは容易に認めていないようである。というのは，原材料費はサプライヤーが自由に変えることができない場合が多いが，労務費は節約可能であるからである。この方法は，サプライヤーに適切なインセンティブを与えるものと思われる（マクミラン 1995，第13章）。

またSC企業間の取引には関係特殊的投資が必要であるが，サプライヤーがリスク回避的であれば，必要な設備に対して十分な投資をしようとは思わないかもしれない。関係特殊的投資をサプライヤーに行わせるためには，契約によって投資を義務づけることもできるが，契約ではあらゆる事態を明記できない。それ故，サプライヤーにその投資に対するリスク分に対して一定の補助金を与えれば，そのような状況は回避できる。その補助金としての役割を果たすのが部品価格であり，部品価格を増額することで補助金を与えたのと同じ効果をもつことになる。

　部品価格について，門田教授は詳細な計算式を示して説明している（門田 2009, 83頁）。関係個所のみを要約して示せば，基本的に部品価格は，

　　部品価格＝単位当たり全部原価＋単位当たり目標利益（配分利益）

で計算される。全部原価の中には，関係特殊的資産に対する投資のリスクに対応する分（金型減価償却費）が含められている。すなわち，部品単位当たり金型減価償却費は，

　　単位当たり金型減価償却費＝購入原価／耐用年数にわたる見積生産量

で計算され，この額を単位当たり全部原価に含めている。

　リスク保証に関しては，サプライヤーを貸与図メーカーと承認図メーカーの2つのタイプに分けて説明している（門田 2009, 83-86頁）。貸与図メーカーとは，アセンブラーの図面通りに製造することを請け負うサプライヤーであり，承認図メーカーとは，製品開発能力をも提供しているサプライヤーである。貸与図メーカーでは，（実際の販売台数＜期待数量）の場合には，アセンブラーが未回収の減価償却費を負担し，（実際の販売台数＞期待数量）になった場合は，部品価格はこの時点で交渉することによって，単位当たりの金型の減価償却費の額だけ減額することになっている。そのため，貸与図メーカーは金型費の回収に

第7章 企業間管理へのゲーム論的考察と管理会計

関しては損失も発生しないし，超過利益も発生しないが，承認図メーカーは，需給不対応によって生じた金型に投資するリスクを負担することになっている。

協調関係を持たせるためには公平な利益配分が必要であるので，門田教授はそのような配分利益を加算した部品価格をインセンティブ価格と名付け，次のような独自の計算法を提案している（門田2009, 87頁）。

インセンティブ価格としての部品価格
　　　　＝部品単位当たり全部原価＋単位当たり配分利益
単位当たり配分利益＝サプライヤーの利益総額／予定販売量
サプライヤーの利益総額
　　　　＝サプライヤーの単独行動利益＋（アセンブラーとサプライヤーとのシナジー効果）×（シナジー効果へのサプライヤーの寄与度）
シナジー効果へのサプライヤーの寄与度
　　　　＝サプライヤーの無形資産形成費用／（サプライヤーの無形資産形成費用＋アセンブラーの無形資産形成費用）

上式におけるサプライヤーの無形資産形成費用は，サプライヤーの生産管理や品質管理のノウハウに関する形成費用等であり，アセンブラーの無形資産形成費用は，当該部品に関する研究開発費用等である。

門田教授が提案した上式の配分利益では，シナジー効果と無形資産形成費用が測定できるということが前提になっている。そのためには，アセンブラーとサプライヤーの間の情報交換，情報共有が重要な前提条件になっている。またシナジー効果への寄与度の計算に，無形資産形成費用での按分法を採用しているのは，寄与度を直接測定するよりも費用の方が測定しやすいこと，シナジー効果は特に無形資産によって影響されるということを反映していると思われる。

Ⅶ　おわりに

　企業がすべての価値活動を1社で実施している場合は問題ないが，競争力は各企業の価値活動の連鎖の適切な管理からもたらされる。本章は効率的な管理のためには，優れたコアコンピタンスをもつ企業を選び協調関係を築き，協力して業務を行い，その業務が全体的観点から適切に実行されるようにすることであると考え，論を展開している。

　企業間管理を考える場合，競争と協調の関係を考慮に入れることが重要である。現実には多様な企業が存在するので，多様な競争と協調の関係が存在する。そして企業間の相互作用を考慮しながら，適切な協調関係を築くことが重要になる。

　本章では，このような問題に対する考察の糸口を与えるものとしてゲーム理論をとらえ，これをもとに現実の問題を理解し，解決策を模索している。ゲーム理論は数理的に解析され発展を遂げてきたので，現実の問題に適用するにはあまりに単純化されているが，問題へのアプローチ法を教えてくれるように思う。ゲーム理論によれば，競争関係にある企業でさえも，ある条件下で協調関係を築くことも論証できる。また相互作用を考慮することによって，意図せざる結果を見出すことができ，これを応用することで，巧妙な戦略を考案できる。

　本章ではなぜ競争関係にある企業が協調関係を築くようになるのかを考察し，協調関係を維持しながら，利益を増大するにはどうすればよいのかについて管理会計の立場から明らかにした。メンバー全体の利益を増大するには，シナジー効果が最大限発生するように，管理会計情報による各企業の自律的な活動を調整，管理することが必要である。またそれを個々の参加企業に適切に分配するにも，管理会計情報に依存せざるを得ない。

　本章では，SCメンバー企業の利益分配の方法として部品価格について考察した。その部品価格の中には，全部原価のほかに関係特殊的投資に関わるリスク負担分，シナジー効果の配分利益が含まれることが必要であることを述べた。

第 7 章　企業間管理へのゲーム論的考察と管理会計

このように共有されるべき情報には，市場環境の情報，技術情報，参加企業の情報等の各種のものがあるが，自社あるいは他社の会計情報は，特に重要であると思われる。

参考文献

Anderson, S. W. and H. C. Dekker (2009), "Strategic Cost Management in Supply Chains, Part 1 : Structural Cost Management, *Accounting Horizons*, Vol. 23, No. 2.

Caglio, A. and A. Ditillo (2008), " A Review and Discussion of Management Control in Inter-Firm Relationships : Achievements and Future Directions", *Accounting Organizations and Society*, Vol. 33.

Porter, M. E. (1985), *Competitive advantage : Creating and Sustaining Superior Performance*, The Free Press. 土岐　坤，中辻萬治，小野寺武夫訳（1989）『競争優位の戦略：いかに好業績を持続させるか』ダイヤモンド社。

Shank, J. K. and V. Govindarajan (1989), *Strategic Cost Analysis : The Evolution from Managerial to Strategic Accounting*, Irwin, 1989. 種本廣之訳（1995）『戦略的コストマネジメント：競争優位を生む経営会計システム』日本経済新聞社。

Thrane, S. and K. S. Hald (2006), "The Emergence of Boundaries and Accounting in Supply Fields : The Dynamics of Integration and Fragmentation", *Management Accounting Research*, Vol. 17.

アイゼンハート，K. M.，ゴルニック，D. S. 稿，有賀裕子訳（2001）「共進化のシナジー創造経営：全体最適型コラボレーションを超えて」『ダイヤモンド・ハーバード・ビジネス』。

新江　孝（2005）『戦略管理会計研究』同文舘出版。

張　淑梅（2004）『企業間パートナーシップの経営』中央経済社。

グールド，M.，キャンベル，A. 稿，西　尚久訳（2002）「シナジー幻想の罠」『ダイヤモンド・ハーバード・ビジネス』。

浜田和樹（2006）「企業間システムの戦略と管理会計」，門田安弘，浜田和樹著『企業価値重視のグループ経営』税務経理協会。

木村彰吾（1995）「ネットワーク的企業間分業組織と会計システムの有用性に関する考察」『會計』第155巻，第 6 号。

小林哲夫稿（2004）「組織間マネジメントのための管理会計－信頼構築とオープンブック・アカウンティング」『企業会計』第56巻，第 1 号。

ネイルバフ，B. J.，A. M. ブランデンバーガー著，嶋津祐一，東田啓作訳（1997）『コーペティション経営：ゲーム論がビジネスを変える』日本経済新聞出版社。

沼上　幹（2009）『経営戦略思考法：時間展開・相互作用・ダイナミクス』日本経済新聞出版社。

マクミラン, J. 著, 伊藤秀史, 林田　修訳 (1995)『戦略のゲーム理論：交渉の契約・入札の戦略分析』有斐閣.
松島　斉 (2002)「繰り返しゲームの新展開：私的モニタリングによる暗黙の協調」, 今井晴雄, 岡田　章編著『ゲーム理論の新展開』勁草書房.
皆川芳輝 (2008)『サプライチェーン管理会計』晃洋書房.
門田安弘 (2009)『企業間協力のための利益配分価格』税務経理協会.
村上裕志 (2004)「SCMへの共進化概念の適用に関する一試案」京都産業大学マネジメント研究会『京都マネジメント・レビュー』第6号.
清水　剛 (2000)「協調行動の進化」, 高橋伸夫編『超企業・組織論－企業を超える組織のダイナミズム』有斐閣.
下野由貴稿 (2005)「サプライチェーンにおける利益・リスク分配：トヨタグループと日産グループの比較」『組織科学』第39巻, 第2号.
牛丸　元 (2007)『企業間アライアンスの理論と実証』同文舘出版.
山倉健嗣稿 (2001)「アライアンス論・アウトソーシング論の現在－90年代以降の文献展望」『組織科学』第35巻, 第1号.

第8章　SCM展開への収益性分析の重要性
：製品開発機能を含めたSCMを中心として

I　はじめに

　SCとは，通常，顧客のニーズに合った製品やサービスを低コストで，しかも迅速に供給するために，資材の調達から，生産，販売，物流，そして最終消費者に届けるまでの一連の業務の連鎖のことである。近年では，顧客満足のための製品開発の重要性から，以前より以上，このSCの機能に製品開発の機能を含めて考察すべきという指摘もなされている。このような観点から考えると，SCの機能は，顧客の望む製品・サービスを開発し，品質向上に努め，財を迅速かつ低コストで最終消費者まで届けることである。この中には，新しいチャネルを構築することも含まれる。というのは，新製品の開発のためには，それに適合した調達・生産・販売のチャネルの構築が当然必要になるからである。これらの製品開発から始まる一連の機能を通して利益を増大させることが，SCの目的である。このような状況は，製品の開発が企業経営において，より重視されるようになっていることを反映している。前章までにおいても，必要であると判断した場合には，SCに製品開発の機能を含めて考察してきたが，上記理由から，開発機能を中心としてSCMを1つの章として考察する必要があると考え，本章を展開することにした。

　SCMはSCを効率的，効果的に管理することであるが，考察する立場として，全体最適型SCMと個別最適型SCMがある。本章では，個別企業の立場から自企業の最適を目指す管理である個別最適型SCMについて考察する。

　SCによく似た概念としてM. E. ポーターが提唱したバリューチェーン（VC）がある。VCは，企業を購買，製造，出荷，販売，サービスなどを通して買い

手にとって価値ある財貨を創造するための諸活動の連鎖からなるものととらえ，この企業の価値創造活動の連鎖のことである。J. K. シャンク，V. ゴビンダラジャンは，VCは企業内の価値創造活動のみでは完結しないので，ポーターの示したVCの考え方を企業外にも拡大し，他企業をも含めた産業のVCを考察する必要があるとして研究を進めた。このような他企業をも含めた産業のVCの管理はSCMと重なり合い，研究が展開されている。

伝統的にはSCMは物流管理，調達管理のロジスティクス管理を重視したのに対して，VC管理は価値（利益）創造面を重視した点が異なるが，近年ではSCMも価値創造過程を扱うようになり，重点の置き方の違いだけで，区別は曖昧になっている。本章では，製品開発機能を含むSCMへと進むにつれて，価値創造を特に考慮しなければならなくなるので，今までの文献においてVCという言葉が慣習的に使われているもの以外，両者を明確に区別しないでSCとして論を進めたいと思う。

SCの機能を製品開発やSCの編成までも含めて考えるとすれば，事業戦略との関係も重要になり，それとの連携を考えることが必要である。すなわち，事業戦略を強化するものとしてSCを考える必要があると思われる。事業戦略には次の4種類あると考えられる（Cohen and Roussel 2013）。第1のものは，製品イノベーションで競争するタイプである。この場合には，SCMとしては，SC活動を実施しながら顧客が望んでいる開発のための製品情報の伝達，またすぐに追随企業が現れるので市場投入までの時間の短縮，大量生産までの時間の短縮等が重要である。第2のものは，顧客満足活動で競争するタイプである。SCMとしては，製品関連サービスに関する顧客情報の伝達，欲しいと思っているものを欲しい場所に迅速に届けることを可能にする管理が重要である。第3のものは，製品・サービスの品質で競争するタイプである。SCMとしては，高品質の製品・サービスの提供に関する情報提供，品質保証，返品対応，トレーサビリティ等が重要である。第4のものは，コストで競争するタイプである。SCMとしては，コストを削減するための不要な製品機能情報の提供，適切な生産・在庫管理情報の提供，製品やプロセスの標準化，サプライヤーの管

理等が重要である。これらどのタイプのSCMも重点の置きどころが違うが，製品開発を広く考えれば，多かれ少なかれ製品開発機能とも関連している。

事業戦略とSCを連携させるためには，SCとDCを連携させることが必要になる。DCとは，顧客の情報がSC活動を通して，SCメンバーに逆方向にフィードバックされる情報に焦点を当てたチェーンのことであり，これとSCをうまく関連づけることにより，効果的な戦略の実行が可能となる。また，SCを製品開発と関係づけるためにはエンジニアリングチェーン（Engineering Chain：EC）との連動も必要になる（四倉 2004）。ECとは，設計，試作，購買，生産，保守のプロセスを情報共有によりシームレスに結合し，製品開発の競争力向上を目指すチェーンのことである。ECの管理であるエンジリアニングチェーン・マネジメント（ECM）の特徴については，章末の（補論）を参照してほしい。

近年では冒頭で述べたように，SCMはロジスティクス管理だけではなく，製品開発やそれらに関する知識創造までを研究領域として考察することも多くなってきているので，本章はそのような立場に立ち，SCMを考察することにする。SCの機能に製品開発活動をも含め，事業戦略とのつながりを重視したSCMの考察は，ビジネスモデルの検討と多くの面で共通点をもつものになる。そのため，本章ではビジネスモデルの展開の一方向としてSCを考察することは重要であると考え，そのような方向でSCの編成についても考察する。またSCの有効性の判定には，SCの収益性の検討が重要になると思われるので，本章ではその点を重視した考察をすることにする。

II　SCM対象分野に製品開発活動を含める必要性

ロジスティクス機能以外でSCMに含めるべきという意見が多い機能として製品開発機能がある。代表的な意見は，製品設計は機能性や性能だけでなくSCを通して生じるコストやサービスも考慮すべきであるので，当然，SCMに製品開発機能を含めて考えるべき，また新製品を販売するまでの時間を削減するためには製品の開発に要する時間を削減する必要があるので，製品開発機能

をSCMに含めて考えるべき，さらに製品開発はSC活動から得られる情報から促進されるのでSCMに含めて考えるべき等の意見である。

しかしながら，わが国実務において，伝統的にはSCMは物流，調達・仕入，製造，販売機能等にのみ関係していると考えられており，製品開発機能を含めて考えることは少なかった。その理由は，開発業務の内容がそれ以外の業務の内容と大幅に異なっているので，分けて考える方が有効であると考えられているからである（名城 1999）。製品開発に必要な市場情報は長期の動向に関する情報であり，製販業務に必要な市場情報は，現在の業務遂行のための生産・在庫・販売に関する情報，販売中の製品に顧客がどう反応するかの情報，売れ筋・死に筋の製品情報等の比較的短期の情報である。開発周期は自動車だと4年であるが，製販業務であれば顧客が注文した製品を製造し納車するリードタイムは約2週間である。また，開発業務にはモノの移動がないが，製販業務にはモノの効率的な移動が重要であるという違いもある。

しかしながら，PWCの「グローバル・サプライチェーン・サーベイ2013」によると，アンケート調査の結果から，次世代型SCには，

① SCを戦略的資産として認識すること
② 最良の配送，コスト削減，柔軟性に注力し，顧客の要求に応えること
③ 多様な顧客セグメントごとのニーズに合わせてSCを構築すること
④ 生産と配送業務を外部委託する一方で，新製品開発，販売・経営計画，調達等のコアとなる戦略的機能については保持すること
⑤ SCの能力差別化に多くの投資を実行すること
⑥ 次世代のテクノロジーとサステナブルなSCについて注力すること

が必要であると述べている（PWC 2013）。この調査はSCの対象機能に関しての調査ではないが，この④を見ても，新製品の開発は当然にSCMの対象に含まれるとしている。また，①には，SCは戦略的資産として考えること，③④には，SCの再構築ということも対象とすることが述べられている。

PWCの調査もグローバル化に焦点を当てたものであるが，製造業は今後よりグローバル化が進み，SCの対象範囲も国内外を含むグローバルな視点が必

要となっている。今後は，全世界に分散する開発・生産・販売拠点を有効に結び付けて，市場ニーズに機敏に対応することが求められることになる。すなわち，生産・販売・在庫情報の拠点横断的な可視化により，最適地調達・生産・販売ということはよく言われているが，それに開発拠点も加えた最適化を目指す必要があるということである。開発拠点と生産拠点の連携では，拠点間における部品表の連携，特に，設計部品表と製造部品表の同期化，設計変更情報の共有が必要である。開発拠点と販売拠点の連携では，顧客情報をいかに設計に生かすかの取り組みが必要になる（中川・中澤・百武 2001）。

　以上のように，今後，製品開発機能をも含めたSCMの管理が重要であり，しかもグローバルな視点から，必要に応じてSC変革も含めた管理が必要になると思われる。清水孝教授は，「SCMが進化し，ビジネスプロセスの再構築という点にまで立ち入ってくると，当初の物流あるいはロジスティクスの効率化という目的は目的群のひとつになってしまう。ロジスティクスはもちろん，製品企画，生産及び販売のすべてのプロセスに，SCMは係ってきていると考えざるを得ないのである。」（清水 2001, 180頁）と述べ，SCMの対象領域の拡大を簡潔に要約している。

Ⅲ　製品開発機能を含めたSCMとビジネスモデル

3.1　SCMとDC

　SCMを伝統的なロジスティクス管理に限定しても，顧客の要求を満足させ，顧客が望んでいる時に製品を効率的に届けることが重要であるので，SCMはDCによる情報の還流を通して高度化させる統合DSCMとして実施されなければならない。DCMとは，SCMを実施することにより顧客情報が得られ，この情報をSCメンバーにフィードバックさせることにより，製品やサービスの改善に生かす一連の活動のことである。DCを流れる情報は，製造・販売・在庫の実績情報や計画に影響を与える情報のほかに，製品やサービスに関する顧客の意見，ニーズ，さらには顧客の業務に関する個人的情報などである（西村

1999)。

　この統合DSCMによって，顧客の需要と供給を満足させることができる。また，統合DSCMを効果的に実施することによって，顧客情報が蓄積され，タイムリーに顧客ニーズに合った製品やサービスの改善ができ，新しい需要の創造が可能になる。この統合DSCMにより，既存製品の販売だけでなく，この製品に関連した派生需要を取り込むことも可能にし，既存の顧客の需要を増やし，顧客の囲い込みを推進する（西村 1999）。

　SCMに開発機能が加わるとすれば，顧客の要求に合致した製品開発やサービスの開発が特に要求されるので，DCMの役割は増大することになる。DCMにより顧客の要求を反映しようとすると，単純な製品機能やサービスの付加ですむ場合と，新しい製品の開発が必要になる場合がある。後者の場合には，サプライヤー，顧客，物流会社，小売店等のSCの全メンバーからの情報をもとにそれを製品開発に生かすことが必要になる。

　近年，市場ニーズの急激な変動や製品のライフサイクルの短縮化による製品リードタイムの短縮化，フレキシブルな製品投入が求められるようになっている。そのためには，ますます統合DSCMを実施し，製品開発・設計部門を含むSCメンバーが，情報を共有することが必要になる。また短期間に製品を市場投入するには，頻繁な設計変更が必要となるので，ますます情報の共有が重要になる。ただSCメンバーはそれぞれ自部門のあるいは自社の役割が異なっているので，共通のデータベースを持つとしても，効率性のためには必要な情報だけが取り出せるようになっている必要がある。製品は多くの部品から構成されるので，理想的には，例えば製品についての統合化部品表のデータベースを持ち，自部門あるいは自社の観点から必要な情報だけが取り出せるようになっていることが必要である。

3.2　SC編成を検討する場合の利害関係者

　新製品開発機能をSCMに含めるとすれば，既存のSCが利用できる場合はそれを利用すればよいが，どうしても新規の調達先，販売先，販売経路を検討し

第8章 SCM展開への収益性分析の重要性

なければならなくなることが多くなる。すなわち新規のSCの編成が必要になるのである。ただ，新規SCにより利益拡大を目指そうとする場合には，自社以外のことも考慮に入れなければならない場合が多い。というのは，今日では，SC全体を自社だけが担当していることはまれで，どの企業でもSCの鎖の中に他の企業が複雑に入り込み，自社の立場から見れば，虫食いだらけになっていることが多いからである。またSCの編成を考える時，このような直接の取引先を考慮に入れることはもちろんであるが，間接的に影響しあう競争相手，補完業者をも考慮することが重要である。補完業者の存在を明示的に考察する必要性を最初に示したのは，第7章でも述べたようにA. M. ブランデンバーガーとB. J. ネールバフである (Brandenburger, Nalebuff 1997)。ただ，常に競争相手が敵で，補完業者が味方であるとは限らない。競争相手が時に味方になったり，補完業者が時に敵になったりする。このようにSCの利害関係者は複雑な関係にあり，SCの編成にはこのようなことも考慮に入れなければならない。

　時には，顧客の顧客（販売先の販売先），購買先の購買先を考慮に入れることが必要な場合もある。例えば，自社が業者限定の塗料メーカーである場合，自社の顧客はゼネコンや塗装業者であるが，ゼネコンや塗装業者の顧客は施主や使用者，設計事務所である。ただその時，自社はゼネコンや塗装業者の要求のみを考慮し，最終消費者の要求を考えなければ，当然ではあるが塗料は売れなくなるということになる。というのは，最終消費者が製品の販売状況を決定するからある。それ故，最終消費者のニーズを正確に把握すること，最終消費者に対してシーズ情報を正確に伝達することが重要である。このように考えると，顧客も複雑な多重関係をもつ顧客システムからなるということになる（ヘルシュタット・シュトゥックシュトルム・チルキー・長平 2013）。

　少し調査が古いのであるが，秋川卓也教授は2001年に「サプライチェーン・マネジメントに関する意識調査を行い，「第1層の『販売先』と『購買先』をSCMの対象範囲と答えたのがほぼ同数で，80％以上を占めた。しかし，第2層である『販売先の販売先』と『購買先の購買先』の支持はそれぞれ47.6％と38.1％となり，第1層の約半分に留まった。このデータは第2層に対する

SCMの支持はそれほど浸透していないという事実を裏づける結果であろう。」（秋川 2004, 46頁）と述べ，実際には，それほど直接的関係者以外には考察対象が広がっていないのが実態である。

時には，企業同士の競争だけではなく，ビジネス・エコシステム間の競争というような場合もある（高橋 2015）。すなわち，多くの企業が連携あるいは共同することによって多くの利益が生み出される場合には，ビジネス・エコシステム間の競争になることも多い。エコシステムとは，企業や産業が従来の業界や産業を超えて，契約の有無にかかわらず共生している状態のことであり，企業はこのエコシステムの一部を構成することになる。自社の競争優位のために，このエコシステム全体の状態が重要となることもある。

Ⅳ　SC編成とビジネスモデル

序論において，SCに製品開発機能を含め戦略とのつながりを重視したSCMは，ビジネスモデルの研究と多くの共通点を持つと指摘した。それ故，ビジネスモデルについての研究が，SCの編成に大いに役立つと思われる。M. W. ジョンソン，C. M. クリステンセン，H. カガーマンによれば，第4章でも述べたように，ビジネスモデルは，互いに関係し合う，①顧客価値提案（目標とすべき客を選定し，提供する価値を明確にする），②利益方程式（儲けるやり方）と，これらを達成するための，③重要な資源，④重要なプロセスの4つの要素から成り立っているとしている（Johnson, Christensen, Kagermann 2008）。この内の①③④は，顧客に届けるための仕組み（ビジネスシステム）に関係しているので，ビジネスモデルの要件は，それと対価を確保する利益モデルからなるとよく言われている。

ビジネスモデルを検討する時のステップとして，第4章で述べたように，H. チェスブロー，R. ローゼンブルームは次のようなものを提示している（大前訳 2008, 77頁）。

(1) 価値提案を明確にすること

第8章 SCM展開への収益性分析の重要性

(2) 市場セグメントを見つけること
(3) 企業のVCの構造を明確にすること
(4) 価値提案とVCに基づき,収益とコストの構造から潜在的利益を評価すること
(5) サプライヤー,顧客,競争相手,補完的生産者を含むネットワーク内での自社の位置を決定すること
(6) 競合他社に勝つための競争戦略を確定すること

この検討プロセスは,SCの編成に大いに役立つと思われる。

伝統的には,SCは特定の垂直型ビジネスモデルを前提として成立しているが,戦略と結びついてSCの展開を目指すには,SCの中で,自社が担当する方向を垂直方向や水平方向にどのように展開すればよいかを検討しなければならない。垂直方向への展開はSCの拡大になるが,水平方向への展開は水平型ビジネスモデルであり,これは自社が関わる製品の提供する分野を絞る一方で,自社がコミットする分野についてはより多くの高いシェアを取ろうとする方式である。これは,事業間を相互に影響させ合うことにより相乗効果を高め,単独事業の総計以上の価値の提供と利益獲得を目指す方式である。一般に垂直方向のSCで覇権を握った企業は水平方向に,水平方向で覇権を握った企業は垂直方向での展開を目指す傾向にある。

製品開発機能を含めたSCMでは,新製品・サービスが垂直方向だけのSCの強化だけでよいのか,水平方向への展開を考慮し,その展開を有利にするためのSCはどう編成したらよいのかの検討が重要になる。この展開を助けるものとして,プロフィットプール分析が有効である。

プロフィットプールとは,その産業の価値連鎖の中のすべての事業分野で獲得した利益の総和のことであり,事業分野の中には他よりもプロフィットプールが深くなるものがある。この分析を通して,有利な事業分野が発見できることになる。ただ事業ごとのプロフィットプールの深さは,市場パワーの変化により流動的,突発的に劇的に変化する。また,市場がたとえ均質的であったとしても,利益の配分が全く同じ市場はなく,平均レベル以上の利益を上げる製

品市場,流通チャネルは存在するので,プロフィットプールが深くなる事業が必ず存在する。プロフィットプールの形を知ることにより,拡大すべきあるいは進出すべき事業,縮小すべきあるいは廃止すべき事業が明らかになる。事業の方向が決まれば,SCをどのように編成し直すかを検討しなければならない。規制撤廃,新技術の出現,新しい競合企業の出現等の構造的変化が生じている産業では変化が激しいので,特にプロフィットプールの状態に注目する必要がある。

　企業にとってプロフィットゾーンを捉え続けること,新しいプロフィットゾーンを見つけることが重要である。そして,そのゾーンに適合する新製品とSCの編成を検討することになる。プロフィットゾーンは顧客によって移動するので,自社の強みから事業展開を考えるのではなく,顧客の求める成果からビジネスモデルを構築することが必要である。また,攻めるだけではなく,垂直統合の徹底などによる参入者の阻止,SCの柔軟な活用等によって,プロフィットゾーンを守ることも必要である。

V　SC編成のための会計的分析法

5.1　コストドライバー分析

　SC編成のための分析には,序論でも述べたように,ポーターのVC分析が有効である(Porter 1985)。VC分析については,第4章の(補論)も参照してほしい。このポーターのVC分析の特徴は,業務の管理を目指したものではなく,戦略管理への役立ちを目指したものである。というのは,競争状態や自社の状況をもとに,企業の競争力を診断し,競争優位をもたらす戦略的施策を考察するためのものだからである。そして特に,彼は,顧客にとって魅力ある価値を創造するための諸活動の結合関係に特に焦点を当て,それを操作ないし再編成することによって,競争優位を生み出す方法を考察した。VC分析が対象とする意思決定期間は,短期ではなく長期的である点が特徴である。

　ポーターは,直接的に価値創造過程を分析するというよりも,どちらかとい

第8章 SCM展開への収益性分析の重要性

えばコスト面での考察を中心として価値創造を図る方法を考察した。そしてVCの中に位置づけられる各活動にコストや資産を割り当てることにより、価値創造活動の有効性を調べた。コスト分析の実施にはコストドライバーの探索が重要であり、コストドライバーとコストとの関係を定量的に分析することが必要であると述べている。ただ分析の目的は、活動をいかにコントロールするかであるので、高い精度は必要ではないとしている。彼は序論で述べたように、VCを自社で管理可能な企業内のチェーンだけで考えている点が特徴的である。SCの編成に利用する場合には、実績値が利用できる時にはそれを利用すればよいが、新しい編成替えした箇所には推定値を用いる必要がある。

これに対して、シャンク、ゴビンダラジャンは、自社だけでなく、サプライヤー、顧客等との関係も含めた産業のVC分析の重要性を指摘し、「企業のVCは、供給業者と顧客のVCを含む、広範なシステムに埋め込まれている。自社のVC（デザインから流通までの）を理解するだけではなく、供給業者や顧客のVCに自社の価値創造活動がどう関係しているかを理解することによって、企業は収益性を高めることができるのである。」(Shank, Govindarajan 1993, p.53)と述べている。そして、特に、①供給業者との関係、②顧客との関係、③事業単位のVC内のプロセス関係、④企業内での事業単位間のVCの関係、これらの検討を通じて収益性が改善できると述べている。このような産業のVC分析は、序論でも述べたように本章で考察するSC分析と同じものである。

SCの編成を検討する際、価値創造活動の特徴により、区分して考察することが有効である。区分には、

① 運用コストがある程度の割合を占めている。
② コスト動態が異なる。
③ 競争相手が異なった方法を用いている。
④ 差別化を拡大する可能性が高い。

を考慮すればよい (Shank, Govindarajan 1993, p.58)。そして、各活動に要する原価、収益、資産を見積もり、各VC段階での利益、利益全体に対する各活動の利益の割合（利益占有率）、資産利益率を計算することにより、自企業がVC

の中で行っている活動の特徴が分析できる。また競争企業と比較することによって，他社とどのように競争できるかの考察に役立つ。さらに，各社の利益占有率で示されるパワー関係の考察により，サプライヤーや顧客との結びつきのあり方が検討され，原価の低減，差別化の強化を図ることが可能となる。

シャンク，ゴビンダラジャンはポーターと同様に，コストドライバーの分析が重要である考えているが，コストドライバーを，構造的コストドライバーと実行的コストドライバーの2種類に分け考察している点に特徴がある（Shank, Govindarajan 1993；田坂 2003）。構造的コストドライバーとは，企業の経営構造を変革するような要因となるものであり，長期的な視点でコストへの影響を捉えることが重要で，戦略的意思決定において考察しなければならない要因である。実行的コストドライバーとは，業務活動に影響を及ぼす要因であり，所与の生産諸条件を前提として，構造的コストドライバーが選択された後に，業務の効果的な運用のために考察しなければならない要因である。それ故，実行的コストドライバーは構造的コストドライバーが決定された後，業務活動レベルでのコストの発生を決定するものである。

シャンク，ゴビンダラジャンによれば，構造的コストドライバーとして，
① 規模（スケール）：製造や研究開発やマーケティングにどんな規模で投資するか。
② 範囲（スコープ）：垂直統合の程度（水平統合は主に規模に関係する）はどうか。
③ 経験：過去に何回同じ経験をしているか。
④ 技術：企業のVCの各段階でどんなプロセス技術が使われているか。
⑤ 複雑度：どれだけ幅広く，品揃えや製品サービスを顧客に提供できるか。
を示し，実行的コストドライバーとして，
① 現場の人の参加：継続的改善のための現場の人の参加
② 総合的品質管理：製品品質とプロセス品質に対する信念と実践
③ 稼働：製造工場の規模の選択に関係
④ 工場レイアウトと効率：ノルマに対してレイアウトは適切か。

第8章 SCM展開への収益性分析の重要性

⑤ 製品構造:デザインや部品化は適切か。
⑥ 供給者や顧客とともにVC上での関係を拡大し開拓する。

を列挙している(Shank, Govindarajan 1993, pp. 20-22)。

以上からも分かるように,シャンク,ゴビンダラジャンのコストドライバー概念は,製造原価に限らないで経営全般に関わる広い範囲のコストをも含んだものである。また定性項目であっても計量化を目指し,例えば組織能力に近いものでも数量化しようと試みている点に特徴がある。コストドライバーの分析は,適切なSC編成への手掛かりを与えるものである。

S. W. アンダーソン,H. C. デッカーは,この2つのコストドライバー概念を用いて,SCの戦略的コストマネジメントに利用しようと試みている (Anderson and Dekker 2009 a;Anderson and Dekker 2009 b;窪田 2012)。そして,構造的コストドライバーを用いた構造的コストマネジメントは,会社の戦略を目指すSC構造になるように,製品設計,プロセス設計,組織設計を目指す管理であるとしている。製品設計には,どのような顧客にどのような製品やサービスを提供するかについての価値提案が重要であり,プロセス設計には,製品やサービスをどう提供するか,また開発をどう進めるか,顧客情報の共有をどう進めるかについての決定が重要である。組織設計は,新製品開発や既存製品の生産販売に対して,サプライヤーの選定,企業内組織編成,販売先や販売ルートの決定やそれらに伴う契約やコントロールの仕組みの決定である。構造的コストマネジメントは事業のやり方の枠組みに関わるもので,この優劣が大きくコストの発生に影響を与えることになる。これに対して,実行的コストドライバーを用いた実行的コストマネジメントは,SCの遂行に関係したもので,効率的な遂行のための管理を目的としている。SCの業績や持続可能性を評価するために,SCの業務遂行に役立つ業績指標や分析ツールを用いた管理が中心になる。

5.2 製品別収益性分析，SC別収益性分析

　新製品のためのSCの編成には，SCの収益性の分析が必要になる。この収益性の分析には，見積値を用いた製品別収益性分析，SC別収益性分析が有用である。製品別収益性分析によって，どの製品の収益性が高いか低いか，またどの製品が収益性を高める可能性があるかが分かる。また製品の収益性がどのSCを選ぶかによって大きく影響がある場合には，製品別SC別収益性分析が有用であり，それによりどの製品のどのSCを利用すれば収益性が高まるのかが分かる（浜田 2005）。

　近年では，どのSCを選ぶかによって製品原価自体にも大きく影響したり，SCが製品の収益性に大きく影響することが多いので，その改革や再編は重要な課題となっている。しかし，SCが複雑となっているので，製品原価の見積もりやそれを用いた収益性の分析は難しくなっている。またグローバル化が進んでいるので，SCには国内企業だけでなく，国外企業も含まれることになるので，見積り等はより難しくなっている。

　SCに自社だけではなく他企業が加わるようになると，企業間の振替価格は利益を含んだものになり，振替が行われるごとに利益が加算されるので実際に発生したコストとの乖離が大きくなる。製造販売する製品の正確な費目構成も分からなくなるので，改善策が採りにくくなる。製品原価の詳細な見積もりのためには，部品表をつなぎ合わせて見積もる方法がよいと思われる。この方法によれば，中間過程の利益が排除され，しかも費目構成が壊されない。これにより，どの点を改善すればよいのかが明確になると思われる。詳細は第4章を参照してほしい。製品原価の見積もりができれば，それ以外の販管費を予測し，売上高を見積もることにより，製品別収益性分析や，SC別収益性分析が可能になる。

　ただ売上高や費用は現状を前提として予測するだけではなく，増やすための施策を採った後での予測値でなければならない。特に売上高の予測は重要である。コストを発生させる原因の多くは企業内にあり，原因を探ることが比較的簡単である。コストドライバーは直接的に操作できることが多いが，売上高に

影響を与える要因は企業外にある。しかも，顧客に影響を与える何らかの行動を採り，それが購買行動に影響し間接的に売上高の増大になるという過程を経る。またその影響は多くの要因が相互に影響し合うので，影響プロセスの特定が困難である。売上高に影響を与えるレベニュードライバーは，販売価格，店舗数，製品品質の程度，広告宣伝，チャネル数，訪問回数等，諸種のものがあり，短期的に影響を与えるもの，長期的に影響を与えるもの等，多様である。

特に販売価格は売上高に大きく影響を与えるので，市場によって決定されるという受け身の販売価格決定ではなく，製品原価を考慮しながら製品やサービスの特性を見極め，戦略的な観点から価格設定を行うことが必要である。売上高を増やすため業務活動や組織編成は，ほとんどの場合コストの増大を伴うので，コストと収益の増大を比較考慮したレベニューマネジメントが必要になる（片岡 2015）。特に，コストの削減ばかりに焦点を当てると，それが逆に売上高の大幅な下落をもたらすことも多いので注意を要する。

Ⅵ 仮説のマネジメントによるSCの有効性の検討

前節で考察したSC編成のための会計的分析法は，検討時に見積もりがある程度の正確性をもって予測できるということが前提となっている。しかしながら，新製品のSCの有効性の判断には不確実性の度合いが高い。知らないことが多い状況下で判断するためには，知らない部分を仮説で補って判断する必要がある。既存製品のSCの有効性の判定の場合には，過去の経験から分かっていることが多く不確実性の度合いは低いが，それでも不確実性が伴う。SCの有効性の判定には，SCの編成とそこを流れる数量の計画の両者を合わせて判定しなければならない。ここでの有効性の判定とは，検討中のSCで目標利益が達成されているかどうかを判定することであるとする。

新製品のSCの有効性判断の前提となる予測は，むしろでたらめであるということを認識し，計画段階や計画実施過程で学習しながら，SCのよりよい編成と計画に修正していくことが必要である。すなわち最初に立てた仮説を探索

過程や実行過程で検証しながら，仮説が間違っていたら適切な仮説に変え，それをもとに実施案を変更していくことが必要になる。その過程を何回も繰り返していくことにより，適切なSC編成と計画の実行が可能となる，いわば仮説のマネジメントを適切に実行していかなければならないのである。既存製品の場合にも，企業環境の変動が激しい場合にはこの仮説のマネジメントが有効である（大江 2008）。

仮説のマネジメントにはいろいろなタイプがあるが，よく知られたものとしてR. G. マグレス，I. マクミランが考案したDDP（Discovery-Driven Planning：発見志向計画法）がある（MacGrath and MacMillan 2000；小川 2012）。この方法の特徴は，逆損益計算書（逆貸借対照表を作成する場合もある）を利用しながら仮説や解決しなければならない課題を考えるということと，前もって計画検討時や計画実施時における仮説のチェックポイントを決めておいて，その点で仮説の妥当性を検証し，必要であれば実行計画を変えていくということである。逆損益計算書は，利益額から逆算するという意味で「逆」という字がついている。その実施過程についての詳細は，第9章を参照してほしい。ただ，第9章は新製品に対するSCの編成に焦点を当てているが，SCの有効性の判定には，新製品だけでなく既存製品の場合も考えなければならない。

このDDPの実施過程では，会計数字が大きな役割を果たしている。会計数値を用いることで，経営の方向を明確に示すことができ，経営の問題をより詳細に具体的に検討できるようになる。従業員が共同して解決案を探ることをも容易になる。また会計数値を用いることで，個々の企業活動の成果を価値の面から総合化してみることができる。さらに会計数値を用いて細かく分析・検討することにより，組織学習が可能になる。

Ⅶ　おわりに

SCMの研究は，伝統的にはロジスティクスの管理を中心として研究されてきた。しかしながら近年では，事業戦略と一体となって，それを遂行するため

の手段としてSCMを考えなければならなくなっている。というのは，事業戦略を立てても，戦略はSCを通してのみ実現されるからである。事業戦略には，大きく，新製品の開発に重点を置くもの，既存製品に対する顧客満足のための活動に重点を置くもの，品質に重点を置くもの，既存製品のコスト削減を目指すものの4つに分かれると思う。そして本章では，新製品の開発であろうと既存製品の改良であろうと，製品の開発とSCMは一体として管理される必要があるとして，SCMの対象範囲に製品開発活動を含めたものを考察した。今後，益々，このような考え方に立ったSCMが重要になると思われる。

　製品開発にはDCをいかに築くか，またその情報をいかに製品開発と連携させるかが重要になる。本章では，SCメンバーがいかに情報を共有し，統合DSCMを実施する必要性について考察した。ただ，DCから得られた情報を効果的に生かすには，PDM（製品データ管理）システムを構築しなければならないが，これについては，本章では考察しなかった。PDMとは，製品の研究開発から，設計，製造，検査・品質保証，保守・修理の全工程における情報やデータを一元的に管理する製品情報管理のことである（三河 2012）。企画の起草や手直し作業の情報は共通のデータベース上に置かれ，関係者が自由にコメントしたり承認でき，また関係者が承認すれば案を実施できるようにするような工夫も必要である。

　本章ではSCの管理には収益性の分析が重要であるとして，SCのどの分野で利益がより発生しているのか，発生する可能性があるのか，またどの点を重視した製品開発を行えばよいのかの分析法として，プロフィットプール分析，コストドライバー分析，製品別収益性分析，SC別収益性分析について考察した。プロフィットプール分析の実施には，産業全体の利益総額の推定と，事業ごとの利益を求めなければならない。この分析は個別企業の分析ではなく産業全体の分析なので，正確さを追求することよりも推定値，概算値で全体の状況を把握することが必要である。これに対してコストドライバー分析，製品別収益性分析，SC別収益性分析は個別企業を中心とした分析なので，完全ではないにしてもかなりの正確性が必要になる分析である。そのためには，コストの発生

が複数の活動や製品に関係していたり，複数のSCに関係している場合には，コストの配分をどうするのかが重要になる。また，SCに自社だけでなく他企業も含まれるようになると，製品の原価をどう正確に算定するかが重要になるであろう。本章では，それらの点について考察していないが，より厳密な検討が必要である。

また本章ではSCの有効性の判定には大きな不確実性が伴うので，有効性を判定するためにDDPの方法の採用について検討した。DDPは多くの仮説に基づいて仮の計画を立て，計画の探索過程や計画の実行過程で仮説を修正しながら計画を実施するという方法である。その方法は計画だけでなく，不確実性を前提としたさまざまな問題に有用と思われるので，本章では，SCの編成へのそれの利用法を考察した。ただ，本章では適用法の概略を示しただけであるので，詳細な検討が今後の課題である。

本章では，第4章においてグローバルSCMの考察が必要であると述べながらも，グローバルな製品開発を含めたSCMに焦点を当て考察をしていない。野村総合研究所は，2010年に「製造業のグローバルオペレーションに関するアンケート調査」を実施し，「日本の多くの製造業が，国内を『特別扱い』しないグローバル最適機能配置を目指していることが明らかとなっている。回答が得られた137社のうち，現状（現在）は65％が販売あるいは生産機能までの海外展開にとどまっているのに対し，75.9％の企業が『将来的（目指す姿）』には開発機能まで含めた海外展開を目指している」（中川，中澤，百武 2011）という結果を報告している。この調査は直接的にはSCMについての調査ではないが，開発機能の海外展開が，今後も進むということを示している。それ故，開発機能を含めたグローバルSCMについての研究は，今後の重要な課題であると思える。

参考文献

Anderson, S. W. and H. C. Dekker (2009a), "Strategic Cost Management in Supply Chains, Part 1 : Structural Cost Management", *Accounting Horizons*, Vol. 23, No. 2.

第8章 SCM展開への収益性分析の重要性

Anderson, S. W. and H. C. Dekker (2009b), "Strategic Cost Management in Supply Chains, Part 2 : Executional Cost Management", *Accounting Horizons*, Vol. 23, No. 3.

Brandenburger, A. M. and B. J. Nalebuff (1997), *Co-operation : Competitive and Cooperative Business Strategies for the Digital Economy*, Doubleday Business. 嶋津祐一, 東田啓作訳 (1997)『コーペティション経営：ゲーム論がビジネスを変える』日本経済新聞出版社。

Chesbrough, H. (2003), *Open Innovation : The New Imperative for Creating and profiting from Technology*, Harvard Business School Press. 大前恵一朗訳 (2008)『Open Innovation：ハーバード流イノベーション戦略のすべて』産業能率大学出版部。

Cohen, S. and J. Roussel (2013), *Strategic Supply Chain Management, Second Edition : The Five Disciplines for Top Performance*, McGraw-Hill Global Education Holdings. 尾崎正弘, 鈴木慎介監訳 (2015)『戦略的サプライチェーンマネジメント：競争優位を生み出す5つの原則』英治出版。

Gadiesh, O. and J. L. Gilbert (1998), "How to Map Your Industry's Profit Pool, *Harvard Business Review*, May-June. ダイヤモンド・ハーバード・ビジネス・レビュー編集部訳 (1998)「プロフィット・プール・マップによる戦略発想」ダイヤモンド・ハーバード・ビジネスレビュー, 11月号。

Johnson, M. W, C. M. Christensen and H. Kagermann (2008), "Reinventing Your Business Model", *Harvard Business Review*, December. ダイヤモンド・ハーバード・ビジネス・レビュー編集部訳 (2010)「ビジネスモデル・イノベーションの原則」ダイヤモンド・ハーバード・ビジネス・レビュー, 9月号。

MacGrath, R. G. and I. MacMillan (2000), *The Entrepreneurial Mindset*, Harvard Business School Press. 大江 建監訳 (2002)『アントレプレナーの戦略思考技術』ダイヤモンド社。

Porter, M. E. (1985), *Competitive Advantage : Creating and Sustaining Superior Performance*, The Free Press. 土岐 坤, 中辻萬治, 小野寺武夫訳 (1989)『競争優位の戦略：いかに好業績を持続させるか』ダイヤモンド社。

Shank, J. K. and B. J. Govindarajan (1993), *Strategic Cost Management : The new Tool for Competitive Advantage*, The Free Press. 種本廣之訳 (1995)『戦略的コストマネジメント：競争優位を生む経営会計システム』日本経済新聞出版社。

秋川卓也 (2004)『サプライチェーン・マネジメントに関する実証研究：企業間調整行動の視点から』プレアデス出版。

伊藤嘉博 (1990)「原価管理と戦略的原価分析：コスト・ドライバーをめぐる2つの解釈を中心に」『産業経理』第50巻, 第2号。

井上達彦 (2010)「競争戦略論におけるビジネスシステム概念の系譜—価値創造システム研究の推移と分類」『早稲田商学』第423号。

大江 建 (2008)『なぜ新規事業は成功しないのか：「仮説のマネジメント」の理論と実

践　第3版』日本経済新聞出版社。

小川　康 (2012)「Discovery-Driven Planning（仮説指向計画法）の紹介：新規R&Dテーマの意思決定において」『研究開発リーダー』第9巻，第4号．

片岡洋人 (2015)「レベニューマネジメントと収益性分析」『會計』第187巻，第5号。

窪田祐一 (2012)「組織間コストマネジメント研究の展開」『管理会計学』第20巻，第2号．

コルネリウス・ヘルシュタット，クリストフ・シュトゥックシュトルム，ヒューゴ・チルキー，長平彰夫編著 (2013)『日本企業のイノベーション・マネジメント』同友館。

清水　孝 (2001)『経営競争力を強化する戦略管理会計』中央経済社。

高橋　透 (2015)『勝ち抜く戦略実践のための競合分析手法』中央経済社。

竹井英文，吉川英樹 (2009)「バリューチェーン再構築―マーケットをデザインする」『化学経済』8月号。

田坂　公 (2003)「原価企画へのコスト・ドライバー分析の活用：Shank & Govindarajanの見解を中心として」『原価計算研究』第27巻，第1号。

中　光政 (2007)「サプライチェーン・マネジメント（SCM）を重視したビジネスモデルと経営戦略：個別企業の視点からみたSCMを中心として」東京経済大学学会誌『経営学』。

中川宏之，中澤　崇，百武敬洋 (2011)「製造業のグローバル化促進に向けた開発機能の業務改革」『知的資産創造』9月号。

名城鉄夫 (1999)『企業間システムの創造と改善』税務経理協会。

西村裕二 (1999)「需要創造型サプライチェーンのマネジメント」，ダイヤモンド・ハーバード・ビジネス編集部編『サプライチェーン理論と実践』ダイヤモンド社。

野村総合研究所，ビジネスイノベーション事業部 (2010)「製造業のグローバルオペレーションに関するアンケート調査」野村総合研究所．

橋本雅隆 (2002)「「サプライチェーン・マネジメントの展開とビジネスモデルについて：ネットワーク化による垂直統合と水平連携の戦略的志止揚への試論」『企業研究』第2号。

浜田和樹 (2005)「企業間管理と管理会計の役割：SCM, ECMの財務・非財務指標による管理」，門田安弘編著『企業価値向上の組織設計と管理会計』税務経理協会。

浜田和樹 (2016)「グローバル・サプライチェーン変革のための製品別利益情報の有用性」『商学論究』（関西学院大学）第64巻，第1号．

浜田和樹 (2016)「製品イノベーション戦略と利益管理：イノベーション・バリューチェーン管理への管理会計の役割」『商学論究』（関西学院大学）第63巻，第3号．

PWC (2013)「グローバル・サプライチェーン・サーベイ2013：次世代型サプライチェーン」PWC．

三河　進 (2012)『製造業の業務改革推進者のためのグローバルPLM：グローバル製造業の課題と変革のマネジメント』日刊工業新聞社。

皆川芳輝 (2008)『サプライチェーン管理会計』晃洋書房。

四倉幹夫 (2004)『エンジニアリング・チェーン・マネジメント：グローバル統合化部

品表による生産革命』翔泳社。

補論　SCMとECMの関係

　DCにより顧客の要求を反映しようとすると，単純な製品機能やサービスの付加ですむ場合と，新しい製品の開発が必要になる場合がある。後者の場合には，SCMと同時に，サプライヤー，顧客，物流会社，小売店等のSCの全メンバーからの情報をもとにそれを製品開発に生かしたり，また設計情報をSC全体と連動させるECMが必要になる。特に，市場対応型SCMの場合には，ECMとの連動が必要となる。従来，SCMでは今生産し販売するために必要な情報と製品の移動に伴う情報を対象とし，ECMでは将来のある期間での製品開発，投入技術情報を特に対象とするので，両者は本質的に異なっており，独立したものとして扱うのが一般的であった。

　しかしながら，近年，市場ニーズの急激な変動や製品のライフサイクルの短縮化による製品リードタイムの短縮化，フレキシブルな製品投入が求められるようになっている。そのためには，SCMとECMを連動させ，企画開発・設計部門とSCメンバーが，情報を共有することが必要になる。短期間に製品を市場投入するには，頻繁な設計変更が必要となるので，情報の共有が課題になる。

図8－1　SCMとECMの関係

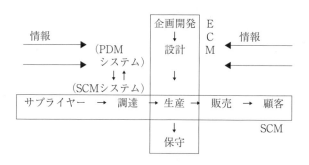

日立製作所のインターネットプラットホーム事業部では，PDM（製品データ管理）システムを導入し，必要であればその製品が製造に至るすべての情報を，従業員が参照できるようにしている。PDMシステムとSCMシステムの間は，5分に1回の割合で情報が交換されるようになっている（日本産業新聞［2002年4月5日］）。また，企画の起案や手直し作業の情報は共通のデータベース上に置かれ，関係者が自由にコメントしたり承認でき，また関係者が承認すれば，案を実施できるようにしている。SCMがスピードアップすればするほど企画・開発・設計業務の負担は増大し，ECMとの効率的な連動が重要になる。

　本章では開発機能をもSCMに含めたものを考察しているので，SCMの中にECMが含まれたようなものを考察対象としている。

第9章 製品イノベーション戦略と利益管理
：イノベーション・バリューチェーン管理への管理会計の役割

I はじめに：日本におけるイノベーションの現状

　近年，日本企業は，新製品や新事業の開発というイノベーションを通じた競争優位の構築に戦略の重点を移していくことが求められている。前章においてSCMを実施する際，近年，製品の開発段階をも含めた管理が重要になっていることを述べた。イノベーションは製品開発やSC変革に大きく関わっているので，本書ではイノベーションを中心に，SCMについて考察することにする。

　イノベーションとは，J. A. シュンペーターによれば，「新しいものを生産する，あるいは既存のものを新しい方法で生産すること」，つまり「ものや力を従来とは異なるかたちで結合すること」であり，市場で実現され経済的な成果をもたらすものであると述べている（Schumpeter 1934, p.66）。そして，その新結合には次の5つ，すなわち，①新しい製品やサービスまたは新しい品質のそれらへの導入，②新しい生産方法の導入，③新市場の開拓，④原料ないし半製品の新しい供給源の獲得，⑤新しい組織の実現，があると述べている。①は製品イノベーションに関係しており，②③④⑤はプロセス・イノベーションに関係している（Schumpeter 1934, p.66）。

　日本におけるイノベーションについての調査も，両者のタイプを対象としているものと前者のタイプだけに焦点を当てているものがある。文部科学省科学技術政策研究所『第3回全国イノベーション調査報告』（2014年3月出版）は，20,405社を対象（有効回答数 7,034社）として，郵送による方法とウェブ上での回答調査を併用した調査である。この調査では，イノベーションは自社にとって新しいものを導入することであり，市場にとっての新しいもの（全く新

しいもの）に限らないとしている。調査結果によれば，製品イノベーションとプロセス・イノベーションの実現割合が欧米諸国に比べて低いことが示されている。そしてそれらのイノベーションを妨げている要因として，能力ある従業者の不足，技術に関する情報不足，市場に関する情報不足，新製品・サービスの需要が不確実，イノベーションのコストが高すぎたこと，等が挙げられている。

デロイトトーマツ・コンサルティング（株），デロイトトーマツ・ファイナンシャルアドバイザリー（株）「日本企業のイノベーション実態調査」（2012年7月～8月実施）は，上場企業2,309社，非上場企業726社を対象とした郵送による調査とウェブ上での回答調査を併用した調査である。有効回答数は335社である。この調査によれば，日本企業が直近3年以内に市場に投入した新規事業／新商品・新サービス（新規領域）の売上高の総売上高に占める割合（連結での割合）は，アメリカの半分程度であることが示された。また，自社にとっては新しいが，市場においてはすでに類似のものが存在する商品／サービスから生み出された売上高の割合が高く，自社にとっても市場にとっても新しいものから生み出された売上高の割合が低いという結果が示された。さらに，イノベーションの実施上の問題点として，次の点が示された。

① イノベーティブなトップマネジメント，ミドルマネジメントが少ない。
② 新たなアイデアを創出する活動が「既存の延長」になっている。
③ 投資判断手法，ナレッジの組織的，継続的な改善プロセスが弱い。
④ 新規事業を繰り返し生み出し続けるメカニズムがない。
⑤ 知的財産活用の取り組みが弱い。

経済産業省がテクノリサーチ研究所に委託した調査，『平成23年度産業技術調査　イノベーション創出に資するわが国企業の中長期的な研究開発に関する実態調査・報告書』（平成24年2月報告）は，上場企業2,093社，非上場企業2,543社を対象とした調査である。回収率は21.9%である。この調査の興味深い点は，次の点である。

① イノベーションのうちニーズから生まれたものは6.4割，シーズから生

まれたものは3.6割であった。
② イノベーションを戦略的に生み出されたものと偶発的に生み出されたものに分けると、技術・製品、サービス・関連事業のいずれにおいても、戦略的に生み出されたものが多く、いずれも4分の3以上となっている。
③ 連続イノベーション（従来の延長線上にある技術等により、連続的かつ漸進的に性能や売上が向上していくイノベーション）の方が非連続イノベーション（従来の延長線上にないところから生まれたイノベーション）よりも多く生まれており、概ね3：1である。
④ 優位性や競争力へのインパクトが大きいので、非連続イノベーションの比率を増やしたいと思っている企業が多い。

　これらの調査から、日本はイノベーションの実現割合が低く、特に非連続（急進的）なイノベーションの実現割合が低いということが示された。またイノベーションのためには、戦略管理が必要であり、知的資産、技術情報、需要情報を収集し、それをもとに新規事業を生み出すための学習システム、管理システムを構築し、それによって、管理者も従業員もイノベーティブにする必要があることがわかった。さらに、イノベーションのためにはコストが多くかかるので、適切な投資判断、コスト管理（利益管理）が必要であることも示された。

　日本企業の状況を見れば、製品性能が顧客満足に大きな影響を与える製品もあるが、製品性能が顧客にとって十分満足する水準に到達している製品も多いことに注意する必要がある。製品性能に顧客が満足していれば、技術的な改善が競争優位には繋がらないし、新しい優れた品質の製品を造っても売れないことになる。これは提供価値の過剰が原因であり、その場合には、顧客に価値をもたらす製品の開発が重要である。今まで、イノベーションといえば技術的性能のみの向上に焦点を当ててきたが、顧客価値の提供という視点からイノベーションを考える必要がある。

　ただ、技術面からの対応も重要であり、それへの適切な対応は、競争優位の持続性に影響を与えると思われる。また製品からの利益獲得には、新しいビジネスの仕組み（ビジネスモデル）を開発し、利益が見込まれるプロフィットゾー

ンをとらえ，その分野に進出していくことも重要である。ビジネスモデルの決定には，製造業であれば，SCを効果的に編成することが特に重要である。プロフィットゾーンは移動するので，その移動に対応することが必要になる。

本章では，イノベーションをあまりに広く捉えると焦点が不明確になるので，イノベーションを製品イノベーションのみについて考察する。そして，製品イノベーションは瞬時に実現されるものではなく，長い期間の基礎研究を経て生みだされるものであるので，イノベーションを生み出す過程やそれを実現する過程の管理が重要である。それ故，本章では，これらの過程の特徴，これらの管理への管理会計の役割について考察する。また利益獲得のためには，その製品の販売プロセスをも考察対象にしなければならないので，その限りにおいてプロセス・イノベーションについても考察する。プロセス・イノベーションは，利益獲得のためのプロセスの変革という意味でSCに関係している。これらのことをSCMの観点から考えれば，製品イノベーションに必要な情報をSCメンバーからいかに獲得するか，すなわちDCをいかに有効に機能させるか，また開発した製品を，その製品に適合したSCを通していかに生産して販売するかということの考察が重要ということになると思われる。

II 企業戦略とイノベーション戦略の関係

イノベーションは，研究や開発などの技術開発分野だけが関係するのではなく，研究開発から商品化，事業化までの全体をとらえることが重要であるので，企業の全部門に関係する問題である。そのため，イノベーションを企業戦略と関係づけて管理することが必要であり，全社の事業活動の中の重要な活動の1つとして考えることが必要である。それ故，管理部門は製品開発において，イノベーションの実施過程の見える化によるマネジメントにより，情報を技術部門に提供し，それを全社戦略として実施する必要がある。

R. S. キャプラン，D. P. ノートンは実際企業を分析した結果，戦略テーマは，
① ビジネスチャンスを創造するための新製品や新サービスの創出（製品イ

第9章　製品イノベーション戦略と利益管理

ノベーション戦略：長期戦略）
② 顧客関係を再構築することによる顧客価値の増大（顧客マネジメント戦略：中期戦略）
③ 資産の有効活用による業務効率の向上（業務効率戦略：短期戦略），

の大きく3つに分類され，成功企業はこれら3つのすべてについて顧客の期待に応えており，しかもどれか1つ以上が，他の企業に比べて秀でているということを発見した（Kaplan, Norton 2004）。ただこのほかに彼らは第4番目のものとして，地域社会への貢献，産業や企業に対する各種規制の遵守，環境リスクへの配慮等の「よき企業市民の実践」を加えることもある。いずれにせよ，キャプラン，ノートンも企業戦略の重要なテーマの1つとしてイノベーションを考え，それを企業戦略の関係で実施すべきことを主張している。

　企業戦略には，意図的戦略と創発的戦略がある。意図的戦略は，市場成長率，市場規模，顧客ニーズ，競合企業の状態，技術状態などに関するデータ分析をもとに意図的に作成される戦略であり，創発的戦略は，組織内部から湧き上がってくるもので，中間管理職，エンジニア，営業部員，財務担当者等の業務上の日常決定の積み重ねから生じる戦略である。そして，意図的戦略プロセスと創発的戦略プロセスの適切な管理が重要である。ただ，この2つのプロセスは相互補完的であり，意図的プロセスでは予見されなかった問題や機会に対して，マネジャーや現場の従業員が創発的に対処する必要があり，創発的プロセスで生みだされた戦略の有効性が確認されれば，意図的戦略に変えて実行することが必要である。H. ミンツバーグは，実現された戦略は，意図的戦略と創発的戦略の合成物であり，企業環境は完全に予測されないので，意図的戦略を創発的戦略で補う必要があると述べている。

　イノベーション戦略も当初から明確な構想をもって意図的に実施されるものと，当初は明確な構想がなく創発的に実施するしかできないものがあり，両者を使い分けることが必要になる。ただ，意図的に実施されるといっても，イノベーションには不確実性が伴うので，環境の変化に創発的行動により柔軟に対応することが必要である。逆に，創発的に実施されるといっても，創発が生ま

れるのをじっと待つということではなくて，創発を生み出すような仕組みを意図的に作りだすことが必要である。

Ⅲ イノベーション戦略とマネジメント・コントロール

3.1 イノベーションのタイプとイノベーション戦略

　イノベーションのタイプはいろいろな分け方があるが，漸進的イノベーション（連続的イノベーション）と急進的イノベーション（非連続的イノベーション）に分けることもできる。前者は，組織内にある比較的容易に開発，習得できる能力を基礎としたイノベーションであり，低リスク低リターンであることが多い。後者は産業構造を劇的に変える可能性を持つイノベーションであり，高リスク高リターンであることが多い。

　漸進的イノベーションは，不確実性を伴うとはいえ，将来の状況がある程度予想できることが多いので，その場合には意図的プロセスが利用できる。市場情報，技術情報等をもとに仮説を立て，いかに実行可能な目標を立案しそれを実施していくかが重要である。しかし，漸進的イノベーションの場合でも環境は不確実で，環境の変化があれば仮説を変え，目標を修正し，柔軟に創発的に対応することが必要である。これに対し，従来からの延長線上にない急進的イノベーションは，開発構想もない場合が多いので，開発構想を得るために，SCメンバー等を通して得られた市場ニーズを中心に，しかも技術的可能性の両面からの考察も必要であり，開発構想を得るために，創発的プロセスを十分に活用する必要がある。また開発構想が得られたとしても，開発構想がそのまま実行に移されることはまれであり，何回も市場要件，技術要件の変化があれば修正されることになる。

　以上のように，漸進的イノベーションの場合でも急進的イノベーションの場合でも，製品アイデアの創出の際には，進捗状況がどうなっているかを調べるためのフィードバックによる管理はもちろんであるが，フィードフォワードによる管理が有効である。フィードフォワード管理とは，システムに入ったイン

プット情報を用いてアウトプットの予測を行い，予測されたアウトプットと目標との違いを認識し，その情報により目標が達成されるよう予測に基づく管理を行う方法である。この管理法は，システムのアウトプットを用いて，事後的に修正行動をとる管理法であるフィードバック管理法とは対照的である。フィードフォワード管理法では，予測との比較が中心となるので，実行は困難であるが，問題そのものを即座に発見でき対策を立てることができるので，適時性は高い（丸田 2005）。

製品イノベーションのためには，環境の変化の情報をもとに仮説を変え，結果を予測し，目標と予測結果に乖離があれば，開発する製品を変えるフィードフォワード管理が重要になる。しかも製品イノベーションは，不確実性の度合いが極めて高い環境下で実施しなければならないので，予測のためには仮説の数も多くなる。環境の変化に応じて仮説を変え，弾力的に何回も修正行動が必要になる。

フィードフォワード管理を有効に行うには，情報の素早い獲得，仮説の変更，結果の予測，修正行動のサイクルを素早く回すことが必要になる。組織学習が蓄積されるにつれ，注意すべき個所の発見が早くなり，また予測作業の標準化も進むので，そのサイクルは早くなる。ただフィードフォワードを強化すれば，システムが過剰反応を起こしやすくなり，強い不安定状態になることもあるので注意が必要である。

開発構想が何らかの形で得られた後は，その構想に基づいた意図的プロセスと創発的プロセスの両者をうまく組み合わせながら組織学習を進め，開発構想をより具体化していくようなイノベーションの管理が特に重要になる。その具体化のプロセスでも，何回も仮説が変更され開発構想が変更される。この段階でも，フィードフォワードによる管理が有効であり，採算評価のためには，具体的な会計数値を用いて実施することになる。

新製品の開発が進められている間も，既存事業はまだ何年もの間，利益をあげながら存続している。そのため既存事業を推進するにあたっては，既存事業の戦略の管理も必要になる。それ故，既存事業と新規事業の両者に対する意図

的プロセスと創発的プロセスの両方をうまく使い分けることが必要である。ただ，意図的プロセスが組織に組み込まれてしまうと，創発的プロセスを用いにくくなるので，その点の注意が必要である。

3.2 イノベーション戦略とマネジメント・コントロール

マネジメント・コントロール（MC）は，従来の考え方によれば，戦略を有効かつ能率的に実施するために，意思決定プロセスを支援・調整し，組織構成員を戦略達成に向けて動機づけることを目的としている。ただ近年では，MCは戦略実行管理だけでなく，戦略の策定への有用性が強調されるようになっている。

（図9－1） 企業戦略とマネジメント・コントロールの関係

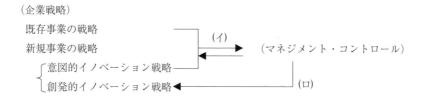

（図9－1）は企業戦略とMCの関係を示したものである。（図9－1）に示されるように，既存事業の戦略と新規事業の意図的イノベーション戦略は，戦略目標を決め，その目標達成のために，MCが実施される。これが（イ）の関係である。もちろんMCから戦略へのフィードバックもある。これに対して，創発的イノベーションの場合には，最初，明確な戦略がないか，仮にあったとしても，創発的イノベーションの初期の段階では戦略とMCの関係は明確ではない。創発的イノベーションは，MC実施過程において，既存事業や意図的イノベーション戦略の実行過程から得られた情報から組織学習が蓄積され，沸き起こることになる。これが（ロ）の関係であり，この関係を推進する戦略が創発的イノベーション戦略である。

第9章 製品イノベーション戦略と利益管理

　MCはイノベーションの創発に有効であろうか。従来はイノベーションの創発，新製品の開発のためには，MCやその実行を助ける会計情報は有用でないという研究が多かった。しかし近年，管理会計がイノベーションに有用とする研究も多くなっている。

　R. サイモンズは，インタラクティブ・コントロールを用いると，対話と学習を促進し，イノベーションや戦略変化を組織ルーティンに組み込むことを可能にすると述べている（Simons 1995）。R. H. チェンホール，D. モリスは，イノベーションを重視する組織において，管理会計システムなどの公式システムによって過度の資源の浪費が防がれ，継続的に組織の方向性，能力，制約への注意が払われるようになると述べている（Chenhall, Morris 1995）。T. ダビラは，新製品開発においてMCが不確実性を減少させる情報を提供すると主張している（Davilla 2000）。S. S. レベリノ，J. モウリセンは，新しく動員された会計手法による計算が緊張を創造し，それが既存の会計計算から導かれる技術，戦略，サプライヤー関係を変える事実を示した（Revellino, Mouritsen 2009）。

　これらの研究に共通することは，イノベーションの創発のためには，MCの利用法を従来とは大幅に変える必要があるということである。MCは押しつけ型ではなく，従業員にその実施権限を与えることによって従業員の業務を支援し，戦略創発のための情報を提供するものでなければならない。すなわち，経験を通して学習を促すもの，発見を促すもの，知識創造を促すものでなければならない。そのためには，MCは現場の知識の体系化に役立ち，新たな解決策を探索できる情報が提供でき，イノベーションの過程をモニターできることも必要になる。また，戦略的不確実性に対する情報を提供したり，可能であれば採算結果を概数でもよいので計算してみることも必要になる。

Ⅳ　イノベーション・バリューチェーンと管理システム

　前節でイノベーション戦略とMCについて述べたが，イノベーションは情報をもとに即座に生みだされるものではなく，試行錯誤を加えながらプロセスを

経て生みだされ実現されるものである。それ故，本節ではイノベーションの発生・実現プロセスを段階に分け，どのような管理法が有効かについて考察することにする。

　M. E. ポーターは，事業プロセスをVCというコンセプトで説明したが，イノベーション発生・実現のプロセスも同様に，M. T. ハンセン，J. バーキンショーが述べたように，イノベーション・バリューチェーン（IVC）として捉えることができる（Hansen, Birkinshaw 2007）。イノベーション戦略は，IVCを意識して策定する必要がある。（図9－2）はIVCを示したものである。

　イノベーションが利益獲得に繋がるためには，このIVCにおける次の3つの障壁を乗り越えなければならない（今能，高井，2010）。
　①　魔の川（The River of Devil）
　　　資源を投入した割に優れた技術を生み出せない。優れた新技術が製品構想に結び付かないで死蔵されてしまうという障壁。
　②　死の谷（The Valley of Death）
　　　実際に市場で受け入れられると思われる具体的な製品が生み出せないという障壁。これは，技術の高度化や複雑化，顧客要求の多様化のために，製品にまとめることの困難性からである。
　③　ダーウィンの海（The Darwinian Sea）
　　　競争に勝ち残り，安定的に利益を獲得できないという障壁。収益性の高い製品には，競合する製品が次々に登場する。

　「魔の川」を乗り越えるためには，明確なミッション，方針，事業の境界を明示し，できれば明確ではなくても実施テーマの大枠を示し，製品アイデアの創出を促すための管理を実施することが必要になる。その管理は，製品を構成する要素技術の開発管理と，その要素技術をいかにつなぎ合わせて製品にするかの製品アーキテクチャの決定が中心である。
　要素技術の開発管理には，技術の将来像とそれを達成するための道筋を描い

第9章 製品イノベーション戦略と利益管理

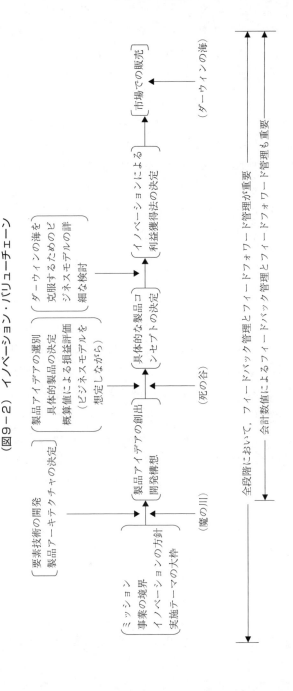

(図9-2) イノベーション・バリューチェーン

た技術ロードマップが有効である。製品アーキテクチャの決定には，モジュラー型のアーキテクチャにするか，インテグラル型のアーキテクチャにするかを決定しなければならない。前者は，事前に部品の組み合わせ方のルールのみを決めておき，それ以外は独立的に開発を進めていく方式であり，後者は，事前に部品間の組み合わせ方のルールを決めず，開発実行段階で全体の最適性を考慮しながら，部品間の調整を行い，完成度を高めていく設計方式である。

この段階では会計情報はあまり有効ではないが，技術目標を設定し，フィードバックによる管理と前章で述べたフィードフォワードによる管理を，会計情報以外の情報を用いて実施することは有効である。ただどの要素技術の開発にどれだけの資源を配分するかを決定しなければならないので，要素技術の開発の効果を概算値でもよいので予測することは必要になる。保守的な判断をし過ぎると要素技術の開発の芽を摘んでしまう危険がある。

また顧客ニーズに合った開発構想を練る（要素技術をいかに組み合わせるか）ためには，社内外のアイデアの収集が必要であり，技術の視点だけでなく全社的マネジメントの視点も重要である。そのためには，社内外の幅広い関係者を巻き込んだ技術評価や，アイデア不足を解消するために，社内外のネットワークを作ることも有効である。特に実際業務の一翼を担っているSCメンバーからのアイデア収集のためのネットワークづくりが有効である。日本では，アイデア創出のために，子会社や関係会社の担当者をも含めたブレーンストーミングがよく利用されている。また，顧客ニーズを知るための顧客との直接的な接触や，技術的な評価のために試作品を製作し，顧客，SCメンバーや経営者とのコミュニケーション向上を図るような工夫もなされている。

「死の谷」を乗り越えるためには，開発構想を具体的な製品の形に仕上げる必要がある。この段階では，多様な部門，関係会社の関与による製品コンセプトの開発と，事業化のための損益評価が実施される。製品コンセプトの開発では，どの市場セグメントに焦点を絞るかを決定し，製品アイデアの探究，選別をすることになる。

また事業化には，大規模な資源動員が必要であるので，開発製品が最終的に

第9章 製品イノベーション戦略と利益管理

利益をもたらすということを示し，選択した案に対して，関係者を説得し納得させる必要がある。すなわち資源動員を正当化する必要がある。その際，会計による損益評価は論理的，客観的評価に役立ち，資源動員に役立つ。損益評価には，市場情報，投資情報，競合他社の情報等の客観的情報と同時に社内スタッフの意見，専門家の意見等の主観的情報を適切に用いることが有効である。ただ，損益評価を実施するためには，利益獲得の仕方をある程度予定しておく必要がある。

さらに，新製品の評価は大きな不確実性を伴うので，従来とは異なった計画の実施の仕方を工夫しなければならない。その計画法として，環境の変化，時間の変化につれて，起こりうる仮説をいろいろ変えて，その時々での可能性を考察しながら実施する前章でも述べたようなDDPが有効である。その計画法についての詳細は，次節で考察することにする。

イノベーションを成功させるためには，大きな成果だけを求めるのではなく，研究過程で得られた小さな成果を製品化し，継続的に利益を得る工夫が必要である。そうでなければ，成果が出ないままに革新的技術開発等が中止されることになる。東レの炭素繊維は，現在，航空機や人工衛星に用いられているが，最初に実用化にこぎつけたのは釣り竿，次にゴルフクラブのシャフトやテニスラケットであった。シャープも急成長を遂げていた頃，液晶技術を最初に電卓の数字の表示装置から出発し，液晶技術を次々と高度化し，商品化の範囲を広げていくようなイノベーション戦略を採用した。

「ダーウィンの海」を乗り越えるためには，優れたビジネスモデルの構築が重要になる。ビジネスモデルとは，顧客に製品を提供し，そこから収益を得るまでに必要とされる一連の活動の仕組みのことである。ビジネスモデルの部分だけを真似してもうまく行かないように構築できると，競争優位を持続させやすい。ビジネスモデルは，ビジネスシステムと利益モデルの2つのものから成る。前者は，製造業であれば，研究・技術開発，製品開発，購買，生産，販売，アフターサービスなど，製品を生み出し，それを顧客にまで届けるまでの一連の業務の仕組み（SCの編成）のことであり，後者は，顧客価値提供による対価

を確保するための仕組みのことである。収益性の高い製品には模倣者がすぐに現れるので，模倣されにくいビジネスシステムと利益モデルをいかに構築するかが重要になる。

以上がイノベーションの発生・実現プロセスにおいて考慮すべき点ではあるが，なかでもそのプロセスにおいて有用と思われる計画法と，製品イノベーションによる利益獲得管理について，V節とⅥ節で考察することにする。

V　開発アイデア・製品開発を促すためのDDP

イノベーションの発生・実現プロセスにおいて，フィードバックによる管理と同時に，仮説の変更を繰り返し実施しなければならないので，フィードフォワードによる管理が特に重要になるということは前節で述べた。フィードフォワード管理の方法を計画に利用したものとして，DDPがある。本節では，この計画法の特徴についての考察と，これを利用した日本企業の事例について考察する（MacGrath, MacMillan 2000；小川2012）。

DDPの名称は，R. G. マグレイス，I. マクミランが名づけ，その特徴を，彼らは，「従来の計画法は「過去の経験」をベースに将来のことを推定するが，不確実性が高い新規事業には「過去の経験」というベースが存在しない。確実な知識がない状況では，計画は仮説に基づいて策定せざるを得ない。」（大江2002，174頁）と述べている。ただこれに類似した計画法は，仮説計画法とか，理論型計画法とかいろいろな名称で多くの研究者によって論じられている。

DDPの特徴は，リアルオプションの考え方を採り入れている点であり，大まかな開発構想が決まった段階で有効な計画法である。この計画法は，通常の計画法と実行手順が大きく異なっている。通常の計画法は，将来の環境予測を行い，この予測に基づいて戦略を策定・財務成果を予測し，望ましい成果が達成できる場合には戦略を実行するという手順を採る。しかし，DDPはこれとは対照的であり，まず目標とする利益（イノベーション案の承認に必要な利益）を決め，この目標利益を達成するために，未来から現在へ時間を逆方向に遡って

第9章　製品イノベーション戦略と利益管理

試行錯誤しながら計画を策定する計画法である。

　利益獲得のためには，製品の開発だけではなくその製品に対するSC決定も重要であるので，両者を考慮したDDPの手順は，次の通りである。

① 目標利益の決定

　戦略案の承認に必要な新製品の目標利益を決定する。目標利益を生む事業のフレームワークを決める時には，後述するビジネスモデル，特に製造業であれば，SCをある程度特定することが必要である。SCの決定には，戦略や製品の特性を考えて判断しなければならない。

② 逆財務諸表の作成と課題リストの作成

　目標利益からスタートし，目標利益を生み出す要因を収益と費用の面から明らかにする。その結果は，逆損益計算書にまとめられる。その名称は，目標利益を達成する収益，費用を逆に考察するという意味からである。逆損益計算書の作成過程で，目標利益を達成するために解決しなければならない課題を明らかにし，課題リストを作成する。課題を考える時には，過去の事例や企業内外の類似製品等のベンチマークが有効である。必要な場合には，逆貸借対照表が作成される。

③ 仮説に基づき課題解決活動の決定

　課題リストをもとに解決のために，不確実性を考慮しながら実行すべき業務活動を決定する必要がある。不確実性に対処するためには，仮説を立てながら決定する必要がある。不確実性には，企業が自ら行動することによって減らすことができる不確実性と，企業がコントロールできない不確実性がある。前者に対しては積極的に取り組む必要がある。仮説は，例えば楽観ケース，基準ケース，悲観ケースのように3段階で考えたり，幅をもって見積もった方がよい場合も多い。後の検討に備え，仮説のチェックリストの作成や仮説のチェックポイントを設定し，どの仮説をどのチェックポイントで検証するかを決めておくことも有効である。チェックポイントを前もって決めておけば，漏れが少なくなる。

④　仮説の検討と組織学習の蓄積

　探索過程のチェックポイントで仮説を検討しながら，目標利益を収益項目と費用項目に分けて細かく要因分解しながら，目標利益の達成可能性を検討する。SCの変革も視野に入れながら，何回も仮説の分析・施策の検討，目標利益の達成可能性の検討を繰り返す。その過程で目標利益の変更が必要であれば，①の手順に戻り検討し直す必要がある。そして，逆損益計算書を改定しながら，目標利益を達成するための施策を練ることになる。SCの変革があれば，目標利益の大幅な変更になり，施策の大幅な変更になることもある。その分析・検討過程を詳細に実施することで，組織学習が蓄積される。目標利益がどうしても達成できないことが判明した場合には，その計画は取りやめる。

⑤　計画の本格的実行と設備投資の実行

　通常の場合，SCが決まり，ある程度の確実性をもって目標利益が達成できることが確認できれば，計画は実行される。しかし確信できるまでは節約志向で計画を実施する。確実に達成できると予想されれば，本格的に計画を実行し，必要な設備投資を行う。

　このような方法は，新製品の開発時に行う原価企画（管理会計分野の代表的管理法）の実施プロセスによく似ている。原価企画は，売価を予測し，目標利益の達成するため目標原価を達成できるように開発・設計段階で原価を作り込んでいく手法である。この場合，ある程度企画が具体化している状態を前提としているので，収益（売価）は与えられていると考えている。

　しかし，製品イノベーションの場合には，まだ，どういう製品を作るのかわからない状態を対象とするので，収益とコストの両者を目標利益が達成できるように作り込んでいく必要がある。イノベーションが実現した場合の収益とそれに要するコストの同時作り込みは，原価企画の場合と比べてより不確実性が多くなり，より多くの仮説が必要になる。

　花王は以前，DDPを採用したことがある（MacGrath, MacMillan 2000）。花王

第9章 製品イノベーション戦略と利益管理

は石鹸やトイレタリー製品のメーカーであるが，1970年代後半，フロッピィディスク（FD）業界に界面活性剤を供給していた。その後，その知識を用いて，界面活性剤事業を梃子にFD業界などの磁気媒体業界に参入できるかどうか，DDPを用いて検討し，1986年にFD業界に参入した。花王はDDPを用いて，逆損益計算書，逆貸借対照表をもとに，目標利益が達成されるよう，環境条件が変わるたびに，また新しい施策が工夫されるたびに仮説を修正し効果を計算し，収益とコストを作り込んでいった。詳細な課題明細リスト，仮説リストが，施策を考察する際に利用された。作り込む過程で組織学習が蓄積され，それが施策を考えるときに役立ったようである。

その事業は最初，大幅に成長したが，その後，競争の激化からFD価格が大幅に下落し，1997年には営業赤字100億円になった。そして花王はその事業から撤退した。この事例はDDPを用いた計画した事業が最終的には撤退することになったものではあるが，イノベーション戦略を考える際，利益を作り込んでいくやり方を示す有意義な事例であるように思える。

Ⅵ　製品イノベーションからの利益獲得管理

製品イノベーションからの利益獲得方法を市場に出す前に検討しておくことも，戦略策定の時点で必要である。優れたアイデアをもとに画期的な製品を開発したとしても，それだけでは利益獲得に結びつかないからである。DDPを実施する場合には，ビジネスモデルやSCの編成が決まっていなければ，考察の出発点である目標利益が決まらないことになる。また，収益性の高い製品にはすぐに競争者が現れイノベーション効果は長続きしないので，それへの適切な対策を考えておくことも重要である。

新製品の導入においてまず考えなければならないことは，新製品の設計，製造，販売のすべてを自社で実施するかどうかということである。この方法が適する企業は，高い設計力，製造技術力，販売力を持っている企業である。また，この方法によると，新しい大規模な設備投資が必要な場合も多いので，資金力

のある企業でないと実施できない。さらに，大規模投資により設備投資の回収期間が長くなるので，開発製品のライフサイクルが長く，将来も安定した需要を持つことが必要になる。

また企業としては，利益の専有可能性を高め，技術が一般化するのを防止し，高い収益構造を維持する施策を採ることも必要になる。例えば，キヤノンでは，複写するために必要な機能の一部と消耗品であるトナーやクリーナーの容器を一体化し，トナーの使いきりとともに交換する一体型カートリッジ技術を採用した。そして，一般の個人でも容易に交換できるようにし，一体型カートリッジ技術により技術も模倣されにくくした。この例は，製品アーキテクチャの選択の仕方によって利益獲得力を管理できることを示している（ヘルシュタット，シュトゥックシュトルム，チルキー，長平 2013）。

新製品の設計，製造，販売のすべてを自社が担当できないとすれば，担当できない部分を他の会社に委託しなければならない。サプライヤーや協力企業の技術度が高く，パートナーとなりうる企業が多く存在する場合には，この方法が望ましい。またこの方法は，他社担当部分は競争が激しく強力な代替品が存在したとしても，自社の担当部分は技術力が高く模倣されにくいときに有効である。他社との協力が得られ，自社が他社を含めた全体を管理する能力が高いことが前提条件である。

ただこの方法によると，他社との調整，統合のためにコストやリスクは大きくなる。自社が担当する部分に関する投資も必要となる。自社の担当部分は利益が見込まれるところ（プロフィットゾーン）であることが重要である。また競争優位の維持のための垂直統合の徹底，プロフィットゾーンを守るための参入者の阻止，新しいプロフィットゾーンの移動に素早い対応も重要である。

このほかに，設計だけを自社が行い，製造，販売は他社にライセンスを与える方法もある。この方法は，資金力が弱い企業に適している。この方法では，ライセンスの使用料を受け取り，製造，販売のコストはすべて他社が負担するので，資金は開発に必要な資金のみでよいことになる。この方法は契約をまとめるスキル，開発力，知的財産を維持できる管理システムが整っていることが

必要である。

　企業はイノベーションに成功し利益獲得のため，どれを選ぶか決定しなければならない。企業は開発したイノベーションの特性，業界の状況，そのイノベーションに対するリスク等の分析をもとに最も適切なものを選択することが重要である。

Ⅶ　おわりに

　本章では，日本におけるイノベーションの実現割合が低いという調査結果が多くの報告書で示されているが，この問題にどのように取り組めばよいかについて考察した。まずイノベーションは技術開発分野だけの問題として捉えるのではなく，企業全部門に関わる問題として捉え，企業戦略と関係づけて考察する必要があるということを指摘した。イノベーションには，漸進的イノベーションと急進的イノベーションがあるが，どちらの場合も，イノベーションを促進するための管理が重要であるということを述べた。

　イノベーションの管理には，イノベーションが策定されるまでをプロセスとして捉え，そのプロセスを順次適切に進めるための管理法が必要であると指摘した。本章では，このイノベーション策定プロセスをIVCとして論を進めた。具体的には，イノベーションには大きな不確実性が伴うので，仮説に基づき計画を立て，環境変化，新しい情報の獲得等が生じれば，仮説を修正し計画を修正するというような方法を何回も繰り返すことが必要であると指摘した。繰り返し計画の修正と実行施策を検討することにより，組織学習が蓄積され，これがイノベーションにプラスの効果を与えることにもなると思われる。

　また，イノベーション戦略策定にはMCからの情報が有用であり，しかもインタラクティブ・コントロールによって得られた情報が有用である。管理会計の分野において，本論でも述べたように，MCからの情報が戦略の創発に影響を与えたという研究も多くある。

　本章ではIVCを効果的に進めるための大きな障壁として，「魔の川」,「死の

谷」、「ダーウィンの海」の3つがあるとして、これを克服するためにはどのような管理法を採ればよいかを段階ごとに考察した。そして、IVCを実施する過程での管理法としてフィードバックによる管理はもちろん有効であるが、本章では特に、目標値と予測値の比較によるフィードフォワードによる管理と、その管理法に基づいた計画法であるDDPが有効であるとして、それらににについて詳細に検討した。

DDPは一般の計画方法とは逆に、まず利益目標を決め、その利益を作り込んでいくために、収益・費用計画、設備計画等を逆に考えていく計画法である。イノベーションのような将来の不確実性が大きな問題を考察する場合には、目標利益から先に決め、その後に、それを達成するためには、どういう条件が必要か、どういう施策が必要か、達成する可能性はあるか等を検討するようなやり方が有効であると思われる。

またDDPは、明確に目標利益の達成を最終目標としている計画法であるので、イノベーションがともすれば利益獲得に繋がらない戦略になるという問題を防ぐことにもなる。イノベーションについて検討する際も、利益獲得は考慮すべき重要な問題である。

近年、イノベーションはますます企業経営にとって重要なものになっている。それにつれて、研究も多視点から多くの研究がなされている。まだ詳細に検討を加えなければならない点も多くあるが、本章は、イノベーション管理の取り組むべき重要な方向を示したものである。

参考文献

Andrew, J. P. and H. L. Sirkin (2003), "Innovating for Cash", *Harvard Business Review*, September. ハーバード・ビジネススクール編集部訳 (2004)「新製品戦略:バリューチェーンの選択」ダイヤモンド・ハーバード・ビジネスレビュー、1月。

Chenhall, R. H. and D. Morris (1995), "Organic Decision and Communication Process and Management Accounting Systems in Entrepreneurial and Conservative Business Organizations", *Omega*, Vol. 23, No. 5.

Davila, T. (2000), "An Empirical Study on the Drivers of Management Control

System's Design in New Product Development," *Accounting, Organizations and Society*, Vol. 25, No 4/5.
Hansen, M. T. and J. Birkinshaw (2007), "The Innovation Value Chain", *Harvard Business Review*, September. 山本冬彦訳 (2007)「アイデアの開発, 変換, 普及を管理する：イノベーション・バリューチェーン」ダイヤモンド・ハーバード・ビジネスレビュー, 12月。
Kaplan, R. S. and D. P. Norton (2004), *Strategy Maps*, Harvard Business School Press. 櫻井通晴, 伊藤和憲, 長谷川恵一監訳 (2005)『戦略マップ：バランスト・スコアカードの新・戦略実行フレームワーク』ランダムハウス講談社。
MacGrath, R. G. and I. MacMillan (2000), *The Entrepreneurial Mindset*, Harvard Business School Press. 大江　建監訳 (2002)『アントレプレナーの戦略思考技術』ダイヤモンド社。
MacGrath, R. G. and I. MacMillan (2009), *Discovery-Driven Growth*：*A Breakthrough Process to Reduce Risk and Seize Opportunity*, Harvard Business School Press.
Revellino, S. S. and J. Mouritsen (2009), "The Multiplicity of Controls and the Making of Innovation", *European Accounting Review*, Vol. 18, No. 2.
Schumpeter, J. R. (1934), *The Theory of Economic Development*：*An Inquiry into Profits, Capital, Credit, Interest, and the Business Cycle*, Harvard Business School Press.
Simons, R. L. (1995), *Levers of Control*, Harvard Business School Press. 中村元一, 黒田哲彦, 浦島史恵訳 (1998)『ハーバード流「21世紀経営」4つのコントロール・レバー』産能大学出版部。
伊藤克容 (2011)「戦略創発を促進するマネジメント・コントロール」『成蹊大学経済学部論集』第42巻, 第2号。
大槻晴海 (2008)「イノベーション・マネジメントと管理会計の新結合：イノベーションの類型とマネジメント・コントロール・システムの適合性を中心として」『経営論集』第55巻, 第4号。
小川　康 (2012)「Discovery-Driven Planning（仮説思考計画法）の紹介：新規R&Dテーマの意思決定において」『研究開発リーダー』第9巻, 第4号。
クリステンセン, C. M., M. E. レイナー著, 玉田俊平太, 櫻井祐子訳 (2003)『イノベーションの解：利益ある成長に向けて』翔泳社。
小林啓孝, 窪田祐一 (2010)「経営戦略と業績管理」, 谷　武幸, 小林啓孝, 小倉昇編『業績管理会計』中央経済社。
今能善範, 髙井文子 (2010)『コア・テキスト　イノベーション・マネジメント』新世社。
スライウォツキー, E. J., D. J. モリソン著, 恩蔵直人, 石塚　浩訳 (1999)『プロフィットゾーン経営戦略』ダイヤモンド社。
チャップマン, C. S. 編, 澤邉紀生, 堀井悟志監訳 (2008)『戦略をコントロールする：管理会計の可能性』中央経済社。
(株)テクノリサーチ研究所 (2012)『平成23年度産業技術調査：イノベーション創出に

資する我が国企業の中長期的な研究開発に関する実態調査報告書』経済産業省が委託。
デロイトトーマツ・コンサルティング（株），デロイトトーマツ・ファイナンシャルアドバイザリー（株）（2013）「日本企業のイノベーション実態調査」トーマツ・ニュースレリース，1月17日。
天王寺谷達将（2014）「イノベーションと管理会計：新たな関係性の探索」『広島経済大学経済研究論集』第36巻，第4号。
ヘルシュタット，C., C. シュトゥックシュトルム，H. チルキー，長平彰夫編（2013）『日本企業のイノベーション・マネジメント』同友舘。
丸田起大（2005）『フィードフォワード・コントロールと管理会計』同文舘出版。
文部科学省科学技術・学術政策研究所（2014）『第3回全国イノベーション調査報告』文部科学省。

索　引

〔欧文〕

ABC（Activity-Based Costing：
　活動基準原価計算）……………… 33,48
ABCを用いたトータルSCコスト
　算定 …………………………………… 36
ABPA（Activity-Based Profitability
　Analysis：活動基準利益分析）……… 34
BSCによる評価 ……………………… 103
BSCの下方展開 ……………………… 126
BSCの指標 …………………………… 104
BSCの指標間の因果関係 …………… 104
DDP（Discovery-Driven Planning：
　発見志向計画法）……………… 176,195
JIT環境 ……………………………… 133
MRP（Material Requirements Planning：
　資材所要量）方式による原価計算 …… 66
PDCA（Plan-Do-Check-Action）
　サイクル ……………………………… 63
PDM（製品データ管理）システム …… 177
PDMシステムとSCMシステム ……… 182
QC七つ道具 ………………………… 138
SC-ROAの指標 ………………………… 35
SCMの対象範囲 ……………………… 167
SC全体の原価費目ごとの情報 ………… 81
SC全体の製品別情報 …………………… 81
SCの収益構造 ………………………… 61
SCの変革 ……………………………… 79
SCの有効性の判定 …………………… 175
SC別収益性分析 ………………… 174,177
SC編成のための分析 ………………… 170

SCマトリックス ……………………… 68
TCO（Total Cost of Ownership：
　所有に伴う全コスト）………………… 33
TOC主要指標 ………………………… 125
TP（Total Productivity）マネジメント
　………………………………… 116,126
TQC（Total Quality Control：
　全社的品質管理）…………………… 121
VCアクティビティ …………………… 89
VC戦略 ………………………………… 76
VC分析 …………………………… 94,170
Win-Winの関係 ………………… 37,44,119

〔ア行〕

アイデア創出 ………………………… 194
アウトソーシング（外部委託）…… 27,67,97
アクセルロッドの未来係数 ………… 148
安全利子率 ……………………………… 25
移行ツリー（Transition Tree）……… 121
意図的イノベーション戦略 ………… 190
意図的戦略 …………………………… 187
意図的戦略プロセス ………………… 187
意図的プロセス ……………………… 188
イノベーション ……………………… 183
イノベーション・バリューチェーン …… 192
イノベーション実現割合 …………… 185
イノベーション戦略 ………………… 195
イノベーションの実施上の問題点 …… 184
イノベーションの創発 ……………… 191
イノベーションを妨げている要因 …… 184
インセンティブ価格 ………………… 157

205

インタラクション ……………………… 40
インタラクティブ・コントロール
　……………………………… 40,113,191
インタラクティブ・コントロール・
　システム ……………………………… 42
インテグラル型のアーキテクチャ …… 194
売上債権回転期間 ……………………… 51
影響活動 ……………………………… 101
エコシステム ………………………… 168
エンジニアリングチエーン
　（Engineering Chain：EC）………… 163
エンジニアリングチエーン・
　マネジメント（ECM）……………… 163
オープン・アーキテクチャ戦略 ……… 78
オープン・ネットワーク型SCM …… 110
オープン・ネットワーク型SC ……… 100
同じ相手と将来も付き合う確率 …… 148

〔カ行〕

買入債務回転期間 ……………………… 51
下位者の目標への影響活動 ………… 102
会社別ガイドライン …………………… 17
階層図 ………………………………… 128
開発拠点と生産拠点の連携 ………… 165
開発拠点と販売拠点の連携 ………… 165
学習アプローチ ……………………… 143
学習と成長の視点 ………………… 37,103
革新的製品 ……………………………… 30
囲い込み型SC ………………………… 98
仮説計画法 …………………………… 196
仮説の検討 …………………………… 198
仮説のチェックポイント ………… 176,197
仮説のチェックリストの作成 ……… 197
仮説のマネジメント ………………… 176

課題リスト …………………………… 197
価値創造 ……………………………… 146
価値創造活動 ………………………… 171
価値創造過程の分析 …………………… 95
価値創造プロセス ……………………… 77
価値ネットワーク ……………………… 76
価値分配 ……………………………… 146
活動（アクティビティ）……………… 48
活動基準管理（Activity-Based
　Management：ABM）……………… 49
活動基準予算（Activity-Based
　Budgeting：ABM）………………… 50
活動ドライバー（活動作用因）……… 48
株主の期待収益率 ……………………… 25
為替変動シミュレーション …………… 87
関係特殊的投資 …………………… 152,156
完全子会社 ……………………………… 59
完全な囲い込み ………………………… 99
簡素化された原価計算システム …… 137
管理連結 ………………………………… 83
機会主義的行動 ……………………… 143
企業価値重視経営 …………………… 123
企業間協調関係 ……………………… 142
企業間システム ………………… 27,97,141
企業間の相互作用 …………………… 145
企業間の知識創造 ………………… 44,112
企業グループの管理 …………………… 57
技術ロードマップ …………………… 194
機能的製品 ……………………………… 30
機能別組織の損益 ……………………… 14
機能別損益予算 ………………………… 14
機能別EVA …………………………… 20
機能別のキャッシュフロー …………… 21
逆スマイルカーブ ……………………… 89

索　引

逆損益計算書 …………………… 176, 197
逆貸借対照表 …………………… 176, 197
キャッシュ・コンバージョン・サイクル
　（Cash Conversion Cycle：CCC）…… 35
キャッシュ・ツー・キャッシュ・
　サイクル …………………………… 35
キャッシュサイクル ………………… 35
キャッシュフロー重視経営 ………… 123
急進的イノベーション ……………… 188
共進化 ………………………………… 142
強制による協調 ……………………… 151
業績目標と状態目標（体質目標）…… 127
競争関係と協調関係 ………………… 141
協調関係の形成条件 ………………… 150
共同化，表出化，連結化，内面化 …… 54
業務的ABM …………………………… 49
業務費用 ……………………………… 117
業務費用の低減 ……………………… 119
寄与率 ………………………………… 128
グループ意思決定会計 ………………… 8
グループ業績管理会計 ………………… 8
グループ業績評価システム …………… 9
グループ経営の重要性 ………………… 3
グループ経理情報の標準化 ………… 16
グループ全体をマネジメントする機能 … 7
グループ統合意識 ……………………… 9
グループの事業や関係会社を
　サポートする機能 …………………… 7
グループ評価基準 ……………………… 9
グループ本社主導型 …………………… 5
グループ本社の機能 …………………… 4
グループ本社の役割 …………………… 4
グローバルBOM（Bill of Materials）… 87
グローバルSC ………………………… 74

グローバルSCM ……………………… 178
グローバルSC戦略経営 ……………… 91
グローバルな製品開発 ……………… 178
計画的シナジー ……………………… 155
経済的付加価値
　（Economic Value Added：EVA）… 20
経済的利益（Economic Profit）……… 24
経済連鎖 ……………………………… 28
形式知と暗黙知 ……………………… 54
系統図法 ……………………………… 138
契約に基づいた信頼 ………………… 150
ゲーム論的アプローチ ……………… 144
結果への影響活動 …………………… 102
原価企画 ……………………………… 198
原価基準 ……………………………… 14
原価計算方法の統一 ………………… 82
原価費目の統一 ……………………… 82
権限と責任とモニタリングの関係 …… 11
権限と責任の範囲 ……………………… 11
現状問題構造ツリー
　（Current Reality Tree）…………… 120
コアコンピタンス …………………… 27
好意的感情からの信頼 ……………… 150
構成マスター ………………………… 83
構造的コストドライバー ………… 75, 172
構造的コストマネジメント ………… 173
効率追求型SCM …………………… 29, 98
効率と迅速性 ………………………… 13
コーペティション（Co-Opetition）… 146
顧客とのコラボレーション ………… 124
顧客の囲い込み …………………… 30, 166
顧客の視点 ………………………… 37, 103
個人的合理性 ………………………… 148
コスト指標 …………………………… 32

207

コストドライバー
　（Cost Driver：原価作用図）… 33, 48, 75
コストドライバーとコストとの関係 ‥ 171
コストドライバー分析 …………… 94, 177
コストリーダーシップ戦略 ………… 94
個別採算管理 ………………………… 65
個別最適型SCM ……………… 29, 161

〔サ行〕

在庫回転率の指標 …………………… 32
財務管理型 …………………………… 5
財務の視点 …………………… 37, 103
サステナブルなSC ………………… 164
サプライチェーン全体の利益計算 …… 70
サプライヤーの視点 ………… 38, 107
差別化戦略 …………………………… 94
サマリー型 …………………………… 66
産業のVC …………………………… 169
3軸管理 ……………………………… 63
3軸管理システム …………………… 87
シェアードサービス・ユニット …… 108
シェアードサービスの有効利用 …… 125
市価基準 ……………………………… 14
事業システムの価値創造 …………… 74
事業部門・関係会社主導型 ………… 5
事業別損益 …………………………… 14
事業別のEVA ………………………… 20
事業別のキャッシュフロー ………… 21
事業本部別損益と会社別損益 ……… 21
事業本部別連結業績計算精度 ……… 15
事業持株会社 ………………………… 4
事業倫理境界のシステム …………… 40
資金効率 ……………………………… 51
資源依存アプローチ ……………… 143

資源ドライバー（資源作用因）…… 48
資源配分機能 ………………………… 7
思考プロセス（Thinking Process）の
　理論 ……………………………… 116
自己資本コスト率 …………………… 25
施策展開 …………………………… 126
市場対応型SCM ……………… 29, 98
実行的コストドライバー ………… 172
実行的コストマネジメント ……… 173
実際単位原価計算 …………… 65, 85
シナジー効果 ……………………… 153
シナジー効果の影響度と実現可能性 ‥ 154
シナジー効果の測定 ……………… 152
シナジー効果の評価 ………………… 10
シナジー効果の要因 ……………… 154
シナジー効果への寄与度 ………… 157
死の谷（The Valley of Death）…… 192
自発的協調 ………………………… 151
指標の因果関係 ……………………… 38
指標の下位への展開 ……………… 128
資本コスト率 ………………………… 25
資本資産価格モデル（Capital Asset
　Pricing Model：CAPM）………… 25
資本による囲い込み ………………… 99
車種／市場／エンティティ軸の3軸 … 87
社内カンパニー ……………………… 12
社内金利 ……………………………… 12
社内金利制度 ………………………… 19
社内資本金制度 ………………… 12, 19
社内配当金 …………………………… 12
囚人のジレンマ …………………… 147
集団的合理性 ……………………… 148
集中戦略 ……………………………… 95
純粋持株会社の原則解禁 …………… 4

索　引

承認図メーカー 156	生産拠点ごとの管理 62
情報への影響活動 101	生産拠点ごとの製品別情報 80
新QC(Quality Control)七つ道具 121,138	製造原価報告書(明細書) 64
シングルループ学習プロセス 41	製造直接費と製造間接費 46
信条のシステム 40	製造部門と補助部門 46
新製品の開発段階における原価の作り込み 124	製番方式による原価計算 66
新製品の評価 195	税引後営業利益(Net Operating Profit After Taxes：NOPAT) 24
診断的コントロール 40	製品, 生産拠点, 販売市場の情報 60
新分野開拓のための提携 100	製品アーキテクチャ 200
信頼 150	製品アーキテクチャの決定 192
垂直型のビジネスモデル 78	製品イノベーション 183
垂直型ビジネスモデル 169	製品イノベーションからの利益獲得方法 199
垂直グループと水平グループ 57	
垂直的SCM 32	製品イノベーションによる利益獲得管理 196
垂直的協調関係 146	
水平型のビジネスモデル 78	製品開発機能 163
水平型ビジネスモデル 169	製品開発機能を含むSCM 162
水平的SCM 32	製品原価の計算法 75
水平的協調関係 146	製品コスト構造分析 87
水平展開型ビジネスモデル 32	製品ごとの原価情報 70
ストラクチャー型(構造型) 66	製品ごとの収益性 61
ストラテジーマップ 154	製品ごとの利益情報 70
スピード経営 117,129	製品ごとの連結業績評価システム 61
スマイルカーブの理論 88	製品軸と地域軸(生産拠点軸, 市場軸) 60
スループット会計(Throughput Accounting) 117,136	製品別SC別収益性分析 174
	製品別管理 62
スループット会計における利益 118	製品別収益性分析 174,177
スループット原価計算(Throughput Costing) 136	製品別の多通貨連結原価 88
	製品リードタイムの短縮化 166,181
スループットと付加価値の類似性 133	制約1単位当たりのスループットの額 118
スループットの算定 117	
スループットの増大 11,119	

制約理論
　（Theory of Constraints：TOC）…… 115
セグメント情報 ……………………… 60
漸進的イノベーション ………………… 188
全体最適 ……………………………… 122
全体最適型BSC ……………………… 105
全体最適型SCM ……………………… 29，161
全体利益の最大化 …………………… 132
前提条件ツリー（Prerequisite Tree）‥ 121
選別 …………………………………… 101
戦略管理機能 ………………………… 7
戦略策定調整機能 …………………… 7
戦略創発のための情報 ……………… 191
戦略的ABM ………………………… 49
戦略的コストマネジメント …… 94，145，173
戦略的不確実要因 …………………… 41
戦略的ポジショニング分析 ………… 76，94
戦略の創発 …………………………… 55
操業度関連基準 ……………………… 46
相互補完タイプの提携 ……………… 100
総投資の低減 ………………………… 119
創発的イノベーション ………………… 190
創発的シナジー ……………………… 155
創発的戦略 …………………………… 187
創発的戦略プロセス ………………… 187
創発的プロセス ……………………… 188
組織学習 ……………………… 10，190，198
組織的知識創造 ……………………… 54
組織内取引コスト …………………… 143
損益シミュレーション ………………… 81

〔タ行〕

ダーウィンの海（The Darwinian Sea）
　……………………………………… 192

代替案への影響活動 ………………… 102
ダイナミックな相互作用 ……………… 144
貸与図メーカー ……………………… 156
対立解消図（Evaporating Cloud）…… 121
他者依存タイプの提携 ……………… 100
多重関係をもつ顧客システム ………… 167
縦の分断を解消 ……………………… 63
棚卸資産回転期間 …………………… 51
他人資本コスト率 …………………… 25
ダブルループ学習プロセス …………… 41
地域ごとの製品別情報 ……………… 80
チェーン全体の利益と連結利益 ……… 68
知識創造 ……………………………… 10
知識創造のプロセス ………………… 55
知的資産 ……………………………… 144
超－変動原価計算
　（Super-Variable Costing）………… 136
長期的利益の獲得 …………………… 105
直接介入 ……………………………… 101
直接原価計算の新展開 ……………… 133
直接材料費の削減 …………………… 124
月次連結決算システム ……………… 17
ディマンドチェーン …………………… 30
投下資本 ……………………………… 26
統合DSCM ………………… 30，12，165
統合化部品表 ………………………… 67，84
統合情報管理 ………………………… 81
トータルSCコスト …………………… 36
トータルSC利益 ……………………… 37
特性要因図 …………………………… 138
取引コスト …………………………… 143
取引コストアプローチ ………………… 142

索　引

〔ナ行〕

内部利益を消去 …………………… 64
ナレッジ・マネジメント ………… 54
2元的な命令系統 ………………… 13
認識基準への影響活動 …………… 102
能力への影響活動 ………………… 102
能力への信頼 ……………………… 150

〔ハ行〕

バックフラッシュ・コスティング ……133
バックフラッシュ・コスティングの
　代表的3類型 ………………………137
バリューチェーン
　（Value Chain：価値連鎖：VC）…… 73
パレート図 ………………………… 138
販売拠点ごとの製品別情報 ……… 80
ビジネス・エコシステム間の競争 …… 168
ビジネス・ユニット ……………… 108
ビジネスシステム …………… 76,168
ビジネスプレーヤー ……………… 146
ビジネスプロセスによる囲い込み …… 99
ビジネスプロセスの視点 ……… 37,103
ビジネスモデル ……………… 76,168
ビジネスモデルの決定 …………… 186
ビジネスモデルの策定プロセス ……… 77
非自律的な不完全子会社 ………… 59
非ボトルネック …………………… 118
評価システム設計 ………………… 11
標準インターフェイス …………… 130
非連続イノベーション …………… 185
品番マスター（データベース） …… 83
フィードバック管理法 …………… 189
フィードバックによる管理 ……… 188

フィードフォワード管理法 ……… 189
フィードフォワードによる管理 …… 188
2つの異なった組織編成原理 …… 13
物流管理 …………………………… 162
部品価格 …………………………… 156
部品表 ………………………… 65,83
部品表データベース ……………… 67
部品表の一元管理 ………………… 84
部門ごとの損益と製品ごとの損益 …… 21
部門損益 …………………………… 19
フリー・キャッシュフロー ……… 21
振替価格 ……………… 12,19,153,174
ブレーンストーミング …………… 194
フレキシブルな製品投入 …… 166,181
プロセス・イノベーション ……… 183
プロフィットセンター …………… 31
プロフィットゾーン …… 88,170,186,200
プロフィットプール ……… 31,69,89,169
プロフィットプール推計のプロセス …… 89
プロフィットプールの分析 ……… 69
プロフィットプール分析 …… 177,169
分散と統合のマネジメント ……… 5
分社化された事業単位 …………… 58
ベンチマーク ……………………… 197
ポーターの5つの競争要因の理論 …… 145
ポジショニングアプローチ ……… 145
ボトルネック ……………………… 118
ボトルネック制約 …………… 118,122
ボトルネックの解消，緩和 ……… 122
本社の弱体化 ……………………… 3

〔マ行〕

マトリックス業績評価システム …… 14,15
マトリックス経営 …………… 15,69

211

マトリックス図表 …………………… 138
マトリックス組織 …………………… 13
マトリックス評価 …………………… 16
マネジメント・コントロール（MC）… 190
マネジメント・コントロール（MC）
　活動 ………………………………… 98
マネジメントアプローチ …………… 64
魔の川（The River of Devil）………… 192
見える化によるマネジメント ……… 186
未来問題構造ツリー
　（Future Reality Tree）…………… 121
魅力的利益保存の法則（The Law of
　Conservation of Attractive Profits）… 90
無形資産形成費用 …………………… 157
無形の相互関係 ……………………… 31
目的別部品表 ………………………… 83
目標間の因果関係 …………………… 128
目標間の因果関係や補完関係 ……… 125
目標間の調整 ………………………… 152
目標展開 ……………………………… 126
目標と施策間の因果関係 …………… 128
モジュール化 ………………………… 79
モジュラー型のアーキテクチャ …… 194
モニタリングコスト ………………… 143

〔ヤ行〕

有形の相互関係 ……………………… 31
要素技術の開発管理 ………………… 192

横の分断を解消 ……………………… 63
予算のサイクル ……………………… 17

〔ラ行〕

リアルオプション …………………… 196
利益の専有可能性 …………………… 200
利益分配の方法 ……………………… 155
利益分配法 …………………………… 152
利益モデル ……………………… 76, 168
利益や利益率の指標 ………………… 32
リスクプレミアム …………………… 25
リスク分配 …………………………… 152
リスク分配法 ………………………… 153
利得の割引因子 ……………………… 148
リンケージ・スコアカード ………… 108
利得表 ………………………………… 148
レベニュードライバー ……………… 175
レベニューマネジメント …………… 175
連関図表 ……………………………… 138
連結決算重視 ………………………… 3
連結原価計算 ………………………… 85
連結収益管理システム ……………… 63
連結製造原価報告書 ………………… 85
連結予算目標 ………………………… 17
連続イノベーション ………………… 185
連結品種別損益 ……………………… 19
ロジスティクス管理 ………………… 162

著者紹介

浜田　和樹（はまだ　かずき）
　関西学院大学商学部教授　博士（経営工学）［筑波大学］

［略歴］
1973年3月　関西学院大学商学部卒業
1975年3月　関西学院大学大学院商学研究科修士課程修了
1981年3月　筑波大学大学院社会科学研究科計量計画学専攻博士課程単位取得
1982年4月　西南学院大学商学部講師
　　　　　　その後，助教授（1984年就任），教授（1990年就任）を経て
2007年4月　関西学院大学専門職大学院経営戦略研究科教授
2012年4月　関西学院大学商学部教授，現在に至る

日本管理会計学会副会長，日本組織会計学会会長を歴任し，現在，日本管理会計学会常務理事，日本組織会計学会副会長，日本会計研究学会評議員

関西学院大学研究叢書　第195編

［主要著書］
『会計的業績管理モデルの研究』九州大学出版会，1996年
『管理会計技法の展開』中央経済社，1998年
『日本のコストマネジメント：日本企業のコスト構造をいかに変えるか』同文舘出版，
　　1999年（共編著）
『組織構造のデザインと業績管理』中央経済社，2001年（共編著）
『企業価値重視のグループ経営』税務経理協会，2006年（共編著）
『管理会計の基礎と応用』中央経済社，2011年
Value-Based Management of the Rising Sun, World Scientific Publishing Co. Pte. Ltd.
　　2006,（共編著）
Business Group Management in Japan, World Scientific Publishing Co. Pte. Ltd. 2010,
　　（編著）
Management of Innovation Strategy in Japanese Companies, World Scientific
　　Publishing Co. Pte. Ltd. 2017,（共編著）

	関西学院大学研究叢書　第195編
著者との契約により検印省略	

平成30年 1 月20日　初版第 1 刷発行

企業間管理と管理会計
サプライチェーン・マネジメントを
中心として

著　　者	浜　田　和　樹
発 行 者	大　坪　克　行
製 版 所	税経印刷株式会社
印 刷 所	光栄印刷株式会社
製 本 所	牧製本印刷株式会社

発 行 所	〒161-0033 東京都新宿区 下落合 2 丁目 5 番13号	株式 会社 税務経理協会
	振　替 00190-2-187408	電話 （03）3953-3301（編集部）
	Ｆ Ａ Ｘ （03）3565-3391	（03）3953-3325（営業部）
	URL　http://www.zeikei.co.jp/	
	乱丁・落丁の場合は、お取替えいたします。	

© 浜田和樹 2018　　　　　　　　　　　　　　Printed in Japan

本書の無断複写は著作権法上での例外を除き禁じられています。複写される
場合は、そのつど事前に、（社）出版者著作権管理機構（電話 03-3513-6969,
FAX 03-3513-6979, e-mail : info@jcopy.or.jp）の許諾を得てください。

JCOPY ＜（社）出版者著作権管理機構 委託出版物＞

ISBN978-4-419-06492-1　C3063